VOYAGE

EN TURQUIE

ET EN ÉGYPTE,

Fait en l'année 1784.

A VARSOVIE,

Et se trouve à PARIS,

Chez R o y e z , Libraire , Quai
des Augustins.

1788.

A MA MÈRE.

Permettez que ces Lettres, qui vous ont été écrites, vous soient encore dédiées. Les copies s'en étoient tellement multi-pliées, que j'ai cru devoir prévenir les mauvaises éditions & arrêter des traductions semblables.

à celles qui en ont déjà été faites en Allemagne. Puissent ces motifs trouver grace à vos yeux, & m'obtenir l'indulgence de mes Lecteurs.

VOYAGE

VOYAGE
EN TURQUIE
ET EN ÉGYPTE,

Fait en l'année 1784.

LETTRE PREMIERE.

A Bukawaya, le 9 Août 1784.

Nous avons quitté hier à Mirgo-
rod, les frontieres de la Pologne ;
aujourd'hui, nous nous trouvons au

A

milieu du pays habité jadis par les Zaporoviens ; j'y ai donné quelques regrets à cette Nation belliqueuse, détruite par la simple volonté de l'Impératrice de Russie. C'étoient sans doute des voisins incommodes ; mais l'association de ces Flibustiers célibataires offroit un phénomene singulier, & peut-être unique dans l'ordre civil. Ils ont été remplacés depuis par des Russes & des Valaches, dont les maisons éparses ne forment point encore de villages.

Nous avons été suivis, pendant plus d'une heure, par une troupe de chevres sauvages qui sembloient nous observer avec curiosité, sans vouloir cependant se laisser approcher. On trouve dans le même pays, vers l'embouchure du Bog, des chevaux sauvages, qui passent pour être indomptables. Vous voyez que mes Lettres prennent déjà un air de relation. Je souhaite qu'elles vous intéressent assez pour me faire pardonner mon voyage.

Le II, à Kerson.

J'ARRIVE à Kerson, avec le plaisir qu'il y a à trouver un lieu habité, lorsque l'on a traversé des déserts ; car la population, quoique fort diminuée par la peste, paroît encore assez considérable aujourd'hui que les fêtes ont fait sor-

tir tous les habitants de chez eux.
L'ivreſſe même du peuple Ruſſe ſemble ajouter en ce moment au mou-
vement du tableau. Pluſieurs bâtiments vont charger à Oczakow
pour Conſtantinople ; & ma premiere Lettre ſera écrite dans les
Etats du Grand-Seigneur.

LETTRE II.

Le 19, à Gluboska.

NOUS ſommes partis ce matin.
Nos amis m'ont accompagné juſqu'au Port, & fait des ſignes d'adieu
auſſi long-temps que nous avons pu
les appercevoir. Bientôt après nous

sommes entrés dans ce labyrinthe d'Isles qui servoit jadis de refuge aux flottilles des Kosaks. Nous appercevions au-delà des côteaux fertiles, où s'élevoient déjà des villages & des maisons de campagne, dans un pays où l'on ne voyoit, il y a peu d'années, que des tentes & des troupeaux.

A six heures, nous sommes arrivés à l'entrée du Liman. On appelle ainsi un Golphe où se jette le Dnieper, ou plutôt c'est le fleuve lui-même, qui a dans cet endroit plus de trois lieues de large. La mal-adresse de notre Pilote qui avoit oublié de prendre du lest, & son incroyable ignorance des

A 3

côtes & de la manœuvre, nous
ont obligé de nous retirer dans
le port de Gluboska, où l'on m'a
donné pour retraite une zemlanka
ou cabane souterraine. Je me fé-
licite cependant d'y être, car le
vent fraîchit, & les vagues que le
Liman roule par-dessus mon asyle,
m'auroient fait passer une très-
mauvaise nuit, si j'avois continué
ma route.

Le . . . . à Stanslawa.

Je n'ai pu partir hier matin, parce
que nos Matelots n'ont jamais eu
l'esprit de gagner le vent ; & le
soir, parce qu'ils étoient ivres.
Nous sommes enfin partis au-

jourd'hui par un vent favorable &
un assez beau temps. Au bout de
deux heures de navigation, le temps
s'est couvert, la mer a grossi & le
vent soufflant par grains & rafales,
annonçoit un orage prochain. Les
Matelots vouloient continuer leur
route, mais je les obligeai d'entrer
dans le port de Stanslawa. Bien nous
en prit ; car à peine eûmes-nous
pris terre, que le vent est devenu
si fort, qu'il nous lançoit contre le
visage le sable, & même le gravier
avec assez de force pour nous empêcher d'avancer. Enfin c'étoit une
espece d'ouragan, & nous avons
eu bien de la peine à gagner les
premieres maisons du village.

Le 25, à Oczakow.

JE suis arrivé le 22 à Oczakow.
Je voulois me loger en ville, mais
j'y ai trouvé plus de difficultés
que je ne croyois ; elle est actuellement remplie d'une Milice
venue d'Asie, à qui on est obligé
de donner beaucoup de liberté,
pour l'empêcher d'y retourner. Le
Pacha, afin d'éviter les querelles,
a fait défendre aux étrangers de
sortir de la partie basse de la ville
où sont les magasins & le port ;
c'est aussi là que se bornent mes
promenades ; j'y passe mon temps
dans un Café où je vois beaucoup
de Turcs, qui fument & ne disent

mot. J'y vois quelquefois des Tartares venus de Crimée. On les reconnoît aisément à leur physionomie. Les Turcs ont beaucoup de mépris pour eux. Ils viennent de le témoigner en défendant aux Janissaires de porter le colpak, qui est la coëffure distinctive de cette Nation.

LETTRE III.

Le 2 de Mai, en Mer.

Nous avons profité ce matin d'une brise de Nord-Est pour sortir du Liman. Les courants rendent ce passage très-dangereux ; nous ne

pouvions en douter en voyant fur
le rivage de l'Ifle d'Adda, deux
bâtiments qui y avoient fait nau-
frage le jour même que je m'étois
retiré fi à propos dans le port de
Stanflawa. Auffi avions-nous toujours la fonde à la main. Enfin nous
nous en fommes tirés heureufement,
& bientôt la terre a difparu à nos
yeux. Je vous avouerai que ce n'eft
pas fans plaifir que je me fuis re-
trouvé en pleine mer. Ce fpectacle
uniforme du ciel & de l'eau qui
afflige tant de voyageurs, ne pro-
duit point cet effet fur moi. Au
contraire, il me femble que la vue
de cet efpace illimité allume l'imagination, & y éleve plus vivement

le deſir de le parcourir. Tout me
plaît dans cet élément, juſqu'à ſon
inconſtance. J'aime à penſer qu'elle
peut facilement déranger tous mes
projets de voyages, & qu'il ſuffit
d'un coup de vent, pour me porter ſur les côtes preſque inconnues
de Guriel ou de Mingrélie, ou
chez les féroces Abaſſas. Vous trouverez peut-être ces idées bien fol-
les ; mais mon plaiſir eſt de vous
les dire telles qu'elles me viennent,
ſans prétendre les juſtifier. Le ſeul
projet auquel je tienne, eſt celui
de vous revoir cet hiver.

Le 9, en Mer.

Notre navigation ſur la mer

Noire a été longue & fâcheuse ; nous avons été battus pendant trois jours par des bourasques continuelles, qui se succédant rapidement, ne nous laissoient pas un instant de repos. Quand l'une, après avoir beaucoup tourmenté notre petit bâtiment, alloit porter plus loin ses ravages, un nuage noir se détachant d'un ciel enflammé, nous en annonçoit un autre. Et quelquefois un point obscur, à peine élevé sur l'horizon, nous menaçoit d'une troisieme qui ne tardoit guere à arriver jusqu'à nous. Pendant ce temps-là notre situation a été plus désagréable que dangereuse, hors une fois que la rafale nous prit avec toutes nos voiles larguées, & que la mal-adreſſe & la lâcheté des Matelots Ruſſes penſerent nous faire périr.

A ces orages ont ſuccédé des calmes longs & ennuyeux, qui joints aux courants, nous ont fait perdre notre route, & nous ont obligé de réduire nos portions d'eau à un verre par jour; ce qui étoit d'autant plus déſagréable, qu'il faiſoit déjà très-chaud, que n'ayant pas aſſez d'eau pour préparer d'autres aliments, nous n'avions pour toute nourriture que du biſcuit ſec qui nous altéroit beaucoup, & qu'enfin malgré toute notre économie, nous n'en avions plus que

pour un jour & demi, lorſque nous
avons apperçu l'embouchure du dé-
troit de Conſtantinople. Déjà nous
y ſommes entrés, les eaux de l'Euxin
nous portent lentement entre le rivage de l'Europe & celui de l'Aſie.
Dangers, fatigues, ennui, tout eſt
oublié.

Le 11, de Buiukdéré.

No u s avons abordé hier à
Buiukdéré, village charmant com-
poſé des maiſons de campagne des
Francs. Notre Dragoman, chez
qui je ſuis logé, veut que j'y paſſe
quelques jours avant que d'aller à
Conſtantinople ; mais je doute fort
que j'aie cette patience.

LETTRE IV.

J'AI pris ce matin un caïque pour aller à Constantinople. Ce sont les bateaux les plus légers qu'il soit possible d'imaginer. Ils le sont même si fort, qu'on ne pourroit jamais y mettre des voiles sans l'adresse des Caïggis, qui ont l'art de leur faire garder l'équilibre, par l'opposition de leurs rames & les mouvements de leur corps, ce qui n'empêche pas qu'il n'arrive beaucoup d'accidents ; aussi l'on regarde comme très-hardis ceux qui vont de cette maniere, même par le beau temps.

Aujourd'hui le vent étoit ſi fort, qu'on ne voyoit aucune barque ſur le canal. Cependant mes Caïggis ayant deſiré de mettre la voile, je le leur permis. Ce que j'en dis n'eſt pas pour me vanter de ma témérité, (car auſſi-bien, je ne crois pas qu'elle m'altire de grands applandiſſements de votre part) mais pour vous faire comprendre la vîteſſe de notre marche. A peine fixions-nous un point de vue, qu'il diſparoiſſoit à nos yeux, & la foule d'objets nouveaux vus avec cette rapidité, donnoit à ce voyage un air de féerie, & à moi l'idée d'une jouiffance nouvelle ; enfin nous sommes arrivés dans le port de Conftantinople. Ici j'abandonne plume, car cette vue eft au-deffus de toute defcription. Imaginez, exagérez, recourez aux voyageurs, vous refterez toujours au-deffous de la vérité.

LETTRE V.

Le 6 Juin, à Conftantinople.

Vous ferez peut-être étonné d'apprendre que dans le grand nombre de voyageurs qui abordent en cette ville, il en foit très-peu qui puiffent en rapporter des idées un peu exactes ; rien cependant n'est plus vrai, les plus observateurs ont épuisé leur curiosité à visiter les monuments de la Grece, & n'envisagent les Turcs que comme les destructeurs des objets de leur culte. Ils arrivent pleins de cette idée, se logent dans le quartier des Francs, & daignent à peine traverser une fois le port pour aller voir la Mosquée de Sainte-Sophie, & revenir chez eux.

Nourrie par l'étude de l'histoire & de la littérature des Orientaux, ma curiosité m'a fait suivre une autre marche. Depuis près d'un mois, je passe les journées entieres à parcourir les rues de cette Capi-

tale, fans autre but que de me raf-
fafier du plaifir d'y être. Je me
perds dans fes quartiers les plus
reculés ; j'erre fans deffein & fans
plan. Je m'arrête, ou je pourfuis
ma courfe, décidé par le motif le
plus léger. Je reviens fouvent aux
lieux dont on m'avoit défendu
l'entrée, & j'éprouve qu'il en eft
peu d'inacceffibles à l'opiniâtreté,
& fur-tout à l'or. Les mots *jaffak*,
défenfe, *olmas*, cela ne fe peut,
les premiers qui retentiffent aux
oreilles d'un Etranger, font enfin
étouffés par la voix de l'intérêt. Ce
fentiment plus fort même que celui
de la crainte, m'a déjà ouvert les
Palais des Grands, les Sanctuaires

de la Religion , ceux de la beauté où s'élevent & fe vendent les jeunes filles deftinées à faire l'ornement des Harems , tous lieux que n'a jamais vus le commun des voyageurs. Quelquefois le hafard & l'hofpitalité naturelle aux Orientaux , viennent au-devant de ma curiofité ; mais on fent bien que de pareils hafards ne font que pour ceux qui favent les chercher.

Revenant hier affez tard par le chemin qui conduit de Kiaght-hane à l'Ok-Maidan, je paffai près d'un jardin qui fembloit être illuminé pour une fête ; un jeune homme bien mis fe tenoit près de la porte , & s'adreffant aux paffants, leur répétoit cette phrase : Hommes de toutes les nations, & de toutes les croyances, le Seigneur Ali vous invite à prendre part à sa joie, il vient de faire circoncire son fils. J'entrai, & m'étant fait présenter au Seigneur Ali, nous n'eûmes pas de peine à nous reconnoître pour nous être vus à Koczim, où il avoit alors la charge de Teffterdart. Cette reconnoissance parut lui faire autant de plaisir qu'à moi. Il m'entretint quelque temps fort affectueusement ; puis un de ses Tchiohadars étant venu lui parler à l'oreille, il me dit : je suis obligé de vous quitter pour aller recevoir le frere du Vizir & plusieurs autres

personnages considérables qui me
font l'honneur d'affifter aux fêtes
que je donne aujourd'hui ; mais
voici quelqu'un qui vous placera
de maniere à vous faire voir com-
modément tous les fpectacles qui
en font partie. Je le remerciai &
fuivis fon Tchiohadart dans une partie du jardin, où l'on avoit tendu
un riche pavillon : le fond en étoit
occupé par une eftrade où étoit
placé le nouveau circoncis avec
foixante autres enfants qu'Ali
Efendi avoit fait circoncire & ha-
biller à fes frais ; vis-à-vis étoit un
orcheftre nombreux ; des jeunes
garçons déguifés en filles exécute-
rent une danfe qui repréfentoit les

différentes nuances des plaisirs :
leurs mouvements d'abord doux &
modérés, devenoient successivement
plus vifs, & finissoient par des vi-
brations que l'œil avoit peine à
suivre ; l'intention en étoit rendue
de maniere à ne pouvoir s'y mé-
prendre ; seulement ils y mettoient
une souplesse qui n'est pas dans la
nature, & ne peut être que le fruit
d'un long exercice ; des bouffons
se tenoient à côté des danseurs, les
imitant gauchement, & désignant
avec précision l'impuissance de les
imiter mieux. Tels sont les tableaux que l'on offre ici aux regards
de l'enfance ; il ne faut donc pas
s'étonner si, blasés dès l'âge le plus

tendre fur ce que la volupté a de
plus incitant, les Orientaux cher-
chent quelquefois hors de la nature
des plaiſirs criminels & de nouveaux dégoûts. Mais tout cela n'eſt
rien encore, auprès de ce qui ſe
paſſe tous les jours dans les May-
hané. On appelle ainſi les maiſons
où ſe vend la liqueur à laquelle la
défenſe du Prophete ſemble ajouter un nouveau charme. Elles ſont
dans des lieux retirés où l'on n'entre que par des défilés obſcurs &
des eſpeces de chattieres; enfin l'on
eſt introduit dans des cours inté-
rieures ornées de parterres, de
volieres & de jets d'eau; mais ce
qui ſur-tout y attire un grand nombre

bre de Musulmans, ce sont les
Puschts, jeunes & beaux garçons,
dont le maintien & le métier ne
sont point équivoques. Ils arrivent richement habillés, suivis
de joueurs d'instrumens, & font
le tour des tables jusqu'à ce qu'ils
trouvent quelqu'un qui veuille les
employer ; cet emploi consiste à
verser à boire, à présenter des
fleurs, à chanter & à danser ; souvent lorsqu'ils s'en acquittent bien,
les convives leur couvrent le visage d'une petite monnoie d'or,
que la sueur y tient attachée :
mais ce métier n'est pas exempt de
dangers, & demande beaucoup de
conduite ; car souvent les Puschts

B

deviennent les victimes de la jalousie & de la passion qu'ils inspirent.
Voilà des goûts qui doivent sans
doute faire horreur, sur-tout aux
femmes, à moins qu'elles n'aiment
mieux regarder comme un hommage qu'on leur rend, celui que
l'on adresse à des êtres qui leur ref-
femblent assez, pour m'avoir trom-
pé plusieurs fois, lorsqu'ils étoient
déguisés pour la danse.

Je veux, avant que de finir cette
Lettre, vous parler d'une débauche
d'un autre genre, fort commune
ici, c'est celle de l'opium; on dé-
figne ceux qui y sont adonnés, par
le nom injurieux de *Tiriaki*, que
quelques-uns se font gloire de por-

ter. Les moins aifés & les plus fai-
néants d'entre eux, se raſſemblent
dans un endroit nommé Tiriak-
Ciarſi : là paſſant continuellement
de l'exaltation des ſens au ſommeil,
& du ſommeil à l'exaltation,
ils abregent volontairement leurs
jours, pour pouvoir les paſſer dans
un oubli parfait d'eux-mêmes. On
dit qu'ils ſont doux & paiſibles,
pourvu qu'on ne les réveille pas
dans le moment où le ſommeil
leur eſt néceſſaire, ou qu'on ne les
prive point du poiſon lent, dont
ils ne peuvent plus ſe paſſer ;
car alors il n'eſt point d'excès
dont ils ne ſoient capables. Après
le dernier incendie de Conſtantino-

ple , ils se sont assemblés tumul-
tueusement pour demander que l'on
commençât par rétablir leur Ciarsi ,
& le Grand-Seigneur le leur a tout
de suite accordé.

LETTRE VI.

Le 16 , à Constantinople.

IL ne me reste plus pour vous
faire connoître les amusémens du
peuple Turc , qu'à vous parler des
Cafés. La plupart bâtis en forme de
Kiosk , reçoivent l'air de tous les
côtés , & sont d'une fraîcheur admirable. Ils sont le rendez-vous des
oisifs de tous les états ; le Vizir ,

le Capitan Pacha & le Sultan lui-
même y viennent souvent déguisés,
apprendre ce que l'on pense d'eux;
car le caractere & les moindres ac-
tions des gens en place, font ici,
comme ailleurs, le sujet favori de
toutes les conversations ; d'autres
fois, elles roulent sur la galanterie,
Un conteur de profession rapporte
l'aventure la plus nouvelle, en l'or-
nant de tous les agrémens de l'élo-
cution orientale ; en voici une que
j'entendis raconter hier dans un
Café du fauxbourg de Santari, &
que j'ai mise aussi-tôt par écrit ;
elle pourra vous donner une idée
de leur maniere de s'énoncer.

Il y a environ un mois, (dit le

conteur) qu'Omar, ce riche Mollah que vous connoiffez tous, fe
promenant fur la terraffe de fa
maifon, apperçut la jeune Fatmé,
qui venoit d'époufer le beau Caffem, & en devint amoureux; les
riches ne connoiffent que l'or pour
réuffir dans leurs deffeins. Omar fit
venir la vieille Emina Hanem,
fameufe intriguante, & lui déclara
l'objet de fa paffion; Emina lui re-
préfenta que Caffem étoit jeune,
amoureux & jaloux, & que Fatmé
étoit heureufe avec lui. «D'ailleurs,
» lui dit-elle, les hommes remplis
» de leurs paffions, font des voya-
» geurs altérés, ils defirent avec
» ardeur une fontaine, & lorf-

« qu'ils l'ont trouvée, ils boivent, &
» puis lui tournent le dos : » tels
étoient les scrupules d'Emina, qui
n'en avoit jamais eu que pour son
intérêt ; mais les dons & les pro-
messes d'Omar lui prouverent qu'il
ne seroit point ingrat, & les leverent
tout-à-fait. Alors elle ne songea
plus qu'à remplir sa commission.
Les difficultés qui auroient arrêté
tout autre, servirent à son projet,
& la jalousie de Cassem, qui auroit effrayé une intrigante moins
adroite, fut précisément ce qui la
fit réussir. Emina prit une robe
blanche, un voile verd, un gros
chapelet, enfin tout l'équipage
d'une Hagie de la Mecque ; ainsi

déguisée, elle vint à midi frapper à
la porte de Fatmé : « Bonne & cha-
» ritable Dame, lui dit-elle, j'ai
» fait neuf fois le voyage des vil-
» les Saintes ; soixante & dix fois
» j'ai bu l'eau du puits de Zem-
» zem ; trois cents fois mes levres
» ont touché la pierre noire, &
» plus de mille fois le seuil de la
» Caaba ; dans mon dernier péle-
» rinage, j'ai fait le vœu de ne ja-
» mais manquer aux cinq prieres
» recommandées par le Prophete ;
» aujourd'hui les cris du Muezin
» m'ont trouvée dans la rue & fort
» éloignée de ma maison ; ainsi je
» ne vous demande qu'un peu d'eau
» pour faire mon Abdest, & un

» coin de votre maison pour y
» prier en liberté ». Fatmé étoit
naturellement complaisante, elle
fit monter la vieille, lui donna
de l'eau pour ses ablutions, & le
tapis sur lequel son mari faisoit sa
prière; la fourbe Emina la remer-
cia, fit semblant de prier, replia
le tapis & le remit à sa place; mais
en le roulant, elle eut l'adresse d'y
glisser une piece d'étoffe riche; elle
se retira ensuite en comblant de
bénédictions la bonne Fatmé, qui
se félicitoit d'avoir pu obliger une
personne aussi pieuse. Cependant
Cassem revint bientôt après, &
voulut aussi dire sa priere; mais en
ouvrant son tapis, la premiere chose

qui frappa ses yeux, fut l'étoffe
brillante d'or que la vieille y avoit
laissée ; Cassem n'étoit pas riche, &
savoit que Fatmé ne l'étoit pas
assez pour faire une emplette aussi
chere ; enfin , le démon de la jalousie s'empara de lui , & sans donner aucune raison à sa femme , il
la conduisit chez le Cadi & la ré-
pudia. La malheureuse Fatmé se
voyant abandonnée sans avoir rien
à se reprocher , passa trois jours
dans les pleurs ; au bout de ce
temps-là , elle vit arriver la vieille
qui lui dit : Ma chere Fatmé, je
sais toute votre aventure, elle est
triste, & Cassem n'est qu'un extrava-
gant ; mais vous pleureriez toute

üne année, que cela n'y changeroit
rien, & je penfe qu'il vaudroit
mieux s'occuper à trouver un autre
mari. Fatmé effuya fes beaux yeux,
& convint de la vérité du fait;
« mais, dit-elle, je n'ai jamais connu
» que Caffem que j'aimois plus que
» ma vie, & je ne faurois comment
» m'y prendre pour chercher un
» autre époux ? c'eft mon affaire,
» répondit Emina, & même je me
» fais fort d'en trouver un qui ne
» vous déplaira pas. Votre voifin
» le riche Omar, a entendu parler
» de votre beauté, mais il a une
» fantaifie contraire à nos ufages
» & à la modeftie ; il veut voir fa
» femme avant de l'époufer; c'eft

» à vous de vous y soumettre, »
» cette affaire vous convient »;
Fatmé n'avoit devant elle qu'un
avenir assez triste, & fort peu de
ressources ; elle résolut de se laisser
conduire par la vieille, mais elle
ignoroit encore que l'hypocrite est
comme le roseau qui perce la main
qui cherche à s'appuyer sur lui.
Emina conduisit Fatmé chez
Omar, qui aidé de ses efforts, n'eut
pas de peine à triompher de la
jeuneé pouse ; après quoi il lui fit
un présent magnifique, & la ren-
voya chez elle, lui promettant de
la faire chercher le lendemain,
avec les cérémonies accoutumées.
Cependant la vieille étoit allé
chez

chez Caffem, & lui avoit demandé
une piece d'étoffe riche , qu'elle
avoit, difoit-elle , laiffée dans un
tapis que fa femme lui avoit prêté
pour dire fa priere. Ce peu de mots
ouvrit les yeux de Caffem , & lui
fit comprendre combien il avoit été
injufte. Il vivoit malheureux éloi-
gné de fon époufe , & n'eut rien de
plus preffé que d'aller réparer fes
torts. Enfin, Fatmé vit arriver le
lendemain, non les gens d'Omar ,
mais le beau Caffem, & malgré les
richeffes du Mollah, elle fe crut
heureufe de retrouver fon époux.
Caffem le fut bien davantage de
retrouver fa chere Fatmé. Le riche
Omar avoit contenté fes defirs,

tous étoient redevables de leur
bonheur à l'adreſſe de la vieille
Emina Hanem ; & cette aventure
doit vous prouver la juſteſſe du
proverbe Perſan , qui dit , ne mé-
priſons point des gens dont le métier eſt de ne faire que des heureux.

LETTRE VII.

A Conſtantinople.

LA morale des récits orientaux
n'eſt pas toujours auſſi condamnable
que dans celui qui faiſoit le ſujet
de ma derniere Lettre. En voici un
dont le fonds eſt hiſtorique & le

ſtyle plus élevé. J'ai donné le nom de récit à ce genre de compo-ſition, parce qu'il m'a paru ré-pondre à celui de Hykaïn, que lui donnent les Lettres de l'Orient. J'ai cherché de même à rendre avec exactitude leurs figures & leurs expreſſions ; & ſi j'y ai changé quelque choſe, c'eſt en ôtant à leur richeſſe plutôt qu'en y ajou-tant.

LE PROCÈS DE DRACO.

RÉCIT.

DRACO, premier Dragoman de la Porte, s'étoit rendu fameux dans la Capitale des Ottomans, par la grande connoiſ-

sance qu'il avoit acquise de la Loi Mu-
sulmane : les Commentateurs lui étoient
aussi familiers que les écrits révélés aux
Prophetes , & les textes de ces Ouvrages sacrés qu'il savoit citer à propos , lui donnoient dans la dispute un
avantage qui ne pouvoit manquer de
lui attirer des ennemis. Le plus dangereux de tous étoit le Chef Islam. Cet
homme parvenu par la voie de l'in-
trigue , à la place éminente qu'il occupoit , s'indignoit de voir un infidele
posséder la science qu'il avoit négligé
d'acquérir. Dévoré de jalousie , il alla
chez le Vizir , & lui parla en ces termes : « Tout-puissant Miniſtre , qui
» jouis sans partage de la faveur de
» notre sublime Sultan , écoute les con-
» seils de la Religion , c'est elle qui te
» parle par ma voix. Tu as accordé ta
» confiance à Draco , je le sais ; mais

» as-tu réfléchi que l'indulgence dont
» nous usons envers les aveugles Chré-
» tiens, ne sauroit s'étendre sur cet
» Infidele qui connoît notre Loi & ne
» la suit point : depuis long-temps l'Ule-
» ma est blessé de ce scandale, & moi
» qui en suis le chef & l'organe, je me
» vois obligé de te demander sa tête.
» Fais venir Draco; demande-lui quelle
» Religion il croit la meilleure. S'il se
» décide pour la nôtre, tu l'obligeras
» de la suivre ; s'il prend le parti con-
» traire, il profere un blasphême, & mé-
» rite la mort. Le Vizir consentit, quoi-
» qu'à regret, à ce que l'on exigeoit
» de lui ».

Il fit venir son Interprete. Dragoman,
(lui dit-il,) « je sais que tu es égale-
» ment instruit de la Loi révélée à notre
» saint Prophete & de celle qu'Issa a
» jadis dictée à ses Sectateurs ; à laquelle

C 3

» des deux donnes-tu la préférence »?
Draco n'eut pas de peine à s'appercevoir
du piege qu'on lui tendoit , & demanda
la permission de conter l'histoire sui-
vante.

« Lors , dit-il , que je commandois
» au nom de Sa Hautesse, dans la pro-
» vince confiée jadis à mes soins , quel-
» ques-uns de ses Sujets avoient cru
» découvrir une mine de métaux pré-
» cieux. Se creusant chacun des routes
» différentes , ils espéroient tous par-
» venir un jour à s'en rendre les maî-
» tres. Après un travail long & assidu ,
» leurs lampes s'étoient éteintes ; mais
» leur ardeur étoit telle, que loin de
» s'en appercevoir , ils crioient encore
» comme auparavant : c'est moi qui ai
» trouvé l'or , les autres n'ont que le
» cuivre & l'étain.

» Celui qui du haut des Cieux voit

» la fourmi dans le fond de l'abîme,
» & entend le bruit de ses pattes, voyoit
» également ces malheureux dans leurs
» souterrains obscurs. Il eût pu sans doute
» rallumer leurs lampes éteintes ; il eût
» pu laisser descendre sur eux quelques-
» uns des rayons de la lumière éter-
» nelle qui l'environne ; mais il ne l'a
» pas fait, & s'est contenté de laisser
» à chacun l'espérance & la sécurité qui
» suffisent pour assurer leur bonheur ».

Ici finit le récit de Draco ; le Vizir lui
applaudit, & l'hypocrite sortit confondu.

LETTRE VIII.

A Constantinople.

JE ne sais trop comment vous
trouverez les apologues des Orien-

taux ; pour moi je raffole de leur maniere , & je m'y suis essayé : les lectures que j'ai faites depuis près de deux ans , m'ont rendu si riche en pensées orientales , que je n'ai eu que la peine d'en groupper quelques-unes & de leur donner des cadres. Je suis bien sûr d'avoir réussi à conserver à mes figures leur physionomie orientale , mais je ne suis pas également sûr que cette physionomie réussisse en Occident ; c'est un point sur lequel je vous prie de me dire l'opinion des autres ; car je sais la vôtre tellement corrompue par l'indulgence, que je ne vous la demande plus. Je joins à cette Lettre un

cahier que vous voudrez bien mon-
trer aux juges que vous m'aurez
choisis.

LE SONGE DE TOMRUT.

RÉCIT.

L'Ange de la mort venoit de frapper
le vieil Andbal, le plus fage des Souverains qui aient regné fur l'Indoftan.
Son fucceffeur Névefcha, à peine
monté fur le trône, voulut repaître fes
yeux du fpectacle nouveau de fa puiffance. Il fit ouvrir fes tréfors remplis
par l'économie des regnes précédents ;
il fit raffembler fes armées. Bientôt il
fe perfuada qu'elles étoient invincibles,
& fit des projets de conquêtes. Déjà l'on
voyoit éclater la joie tumultueufe des

gens de guerre, & le Peuple même
avoit la folie de la partager. Au milieu
de cette allégreffe publique, le fage
Tomrut paroiffoit feul accablé d'une trifteffe profonde. Néveícha s'en apperçut,
& lui en demanda la caufe : « Seigneur,
» (répondit le Philofophe,) ma trifteffe
» n'eft point digne d'occuper un inf-
» tant l'attention du plus puiffant Mo-
» narque de l'Inde, un fonge en eft le
» fujet ». Le Sultan voulut favoir quel
étoit ce fonge, & Tomrut s'expliqua
en ces termes :

« Invincible Souverain de tous les
» pays bornés par les deux fleuves, tu
» fauras que m'étant égaré ce matin
» dans les jardins qui bordent ton pa-
» lais, je m'affis fur les bords du ruif-
» feau charmant qui porte fes eaux dans
» les endroits les plus reculés de ce fé-
» jour délicieux. Là, mon efprit s'éle-

» vant par degrés, ofa s'occuper de la
» foule innombrable des vertus que l'on
» voit briller en toi. Je te voyois avec
» la puiffance de tes peres, toute la juf-
» tice de Nourfchivan & toute la fageffe
» de Dabfchelim.

   » Mais pardonne, ô Névefcha ! il me
» fembloit qu'il manquoit encore à ta
» gloire, d'avoir fait autant de conquê-
» tes qu'Ogouzkam ou Dhoulcarneïm.
» Cependant les préparatifs de guerre qui
» occupent tes foldats, me faifoient
» efpérer que bientôt l'ombre de ta
» puiffance couvriroit tout l'univers,
» tandis que fon éclat pourfuivroit l'œil
» de l'envie jufqu'aux bornes du monde.
» Telles étoient les rêveries où je m'étois
» plongé, lorfque l'ange du fommeil
» vint fermer ma paupiere.

   » Alors je crus revoir le ruiffeau fur
» les bords duquel je m'étois endormi,

» fon rivage étoit ombragé de fleurs.
» Après quelques détours dans une vallée
» riante, il alloit porter fes eaux au fein
» d'un lac tranquille ; je fuivois des yeux
» fon cours paifible , & je fouriois à
» cet emblême de la vie du fage , lorf-
» que par un caprice dont je ne puis
» deviner la caufe , le ruiffeau fortit
» du lit où il avoit coulé jufqu'alors ;
» il alla joindre fes eaux aux eaux des
» ruiffeaux voifins , & devint un tor-
» rent redoutable ; & tandis que les
» fleurs , privées de la fraîcheur de fon
» onde, penchoient vers la terre leurs
» têtes flétries , le torrent rompoit les
» digues, renverfoit les murailles, & les
» débris qu'il entretenoit, accéléroient
» fa chûte.

» Cependant la foule imbécille
» fe preffoit fur fes bords , au rifque
» d'être emportée par fon courant dan-

» gereux ; moi j'allai l'attendre dans la
» plaine. Là je cherchai les traces du
» torrent redoutable , & je ne les trouvai
» plus ; car la terre s'étoit abreuvée de
» ſes eaux , il ne reſtoit de lui que la
» mémoire des ravages qu'il avoit faits.

» O puiſſant Monarque de l'Inde ! ne
» me demande plus le ſujet de ma triſ-
» teſſe ; tu veux reſſembler à Iſzkender
» ou à Ogouz. Et qu'étoient ces Héros ?
» que des torrents deſtructeurs. O fils
» d'Andbal , s'il te faut des exemples
» fameux , que ne ſuis-tu celui du ſage
» Soliman ? Il commandoit à la Nature,
» & ne dédaignoit ni la paix , ni les
» plaiſirs. Sa mort tranquille mérita
» d'être comparée au profond ſommeil
» qui ſuccede aux plaiſirs trop ſouvent
» répétés ; mais , toi , fils d'Andbal , tu
» cherches la renommée , & tu ne ſais
» point qu'elle eſt comme l'odeur des

» aromates, qui ne fe répand qu'après
» qu'ils ont été confumés ».

Le Sultan de l'Inde écouta attentive-
ment le récit du Philofophe ; mais le
lendemain il fit déclarer la guerre au
Sultan de la Perfe. Ainfi la forêt ne s'op-
pofe pas au fouffle des zéphyrs, car ce
n'eft pas leur haleine qui peut faire plier
les cedres.

LE VOYAGE

DE FEIROUZ.

RÉCIT.

FEIROUZ, riche habitant de Samar-
cande, revenoit des villes Saintes. Les
imprécations du Prophete contre ceux
qui different de s'acquitter du faint pélerinage, paroiffoient écrites en lettres

d'or, dans mille endroits de fa maifon ;
fur fa terrafe flottoient mille bande-
roles tiffues par la main des filles du
Chérif, & chargées par lui-même de
caracteres myftérieux. Le tumulte de la
joie regnoit parmi les efclaves, & le
noble animal, compagnon des travaux
de l'Arabe, y mêloit fes cris, & fembloit
partager l'allégreffe commune.

Feïrouz lui-même, retiré dans l'in-
térieur de fon harem, fe livroit aux tendres careffes de fa femme & de fes enfants. Fatmé lui difoit : « Cher Feïrouz,
» que de fatigues tu as dû effuyer, que
» de dangers tu as dû courir, que de belles
» perles vous aurez vues dans la Mer Per-
» fique, lui difoit la jeune Zilia ! Que
» de plaifir vous aurez eu à faire un
» auffi long voyage, difoit le petit Ruf-
» tem »! Feïrouz leur répondit : « Les
» fatigues & les dangers ne m'ont point

» effrayé ; car je favois qu'ils font in-
» féparables d'une pareille route. Les
» perles du golfe Perfique ne m'ont
» point tenté ; car j'ai vu de près l'état
» malheureux des plongeurs qui les ra-
» maffent ; & pour que le plaifir ne me
» féduifît point , il me fuffifoit de pen-
» fer au linceul mortuaire que le Pro-
» phete nous ordonne d'acquérir à la
» Mecque, & qui eft la feule chofe qu'on
» rapporte d'un auffi long voyage ». Féï-
rouz s'amufa quelques moments à ré-
pondre aux queftions naïves de fes enfants ; après quoi il leur fit en ces termes
le récit de fon pélerinage.

« A peine forti de l'étroit défilé qui
» fépare les provinces du Perfan d'avec
» celles de l'Uzbek ; je me trouvai dans
» les plaines de Khoraffan. D'abord je
» me crus tranfporté dans un nouvel
» univers , & tout m'y étonnoit. Mais

» bientôt je m'ennuyai des payfages
» riants, mais peu variés, qui s'offroient
» à ma vue. Ce pays d'ailleurs étoit fou-
» mis à une police févere, qui, plus
» que tout le refte, me faifoit defirer
» d'en fortir. Il me fallut cependant
» remplir le temps que le Chef de la
» caravanne y avoit deftiné ; mais
» je ne faurois dire à quoi je m'y oc-
» cupois, car cette époque de ma vie
» s'eft entiérement effacée de ma mé-
» moire.

» Nous fortimes enfin du Khoraffan
» pour entrer dans le Siftan. Cette pro-
» vince obéiffoit au voluptueux Gau-
» rides. Là des chœurs de Bayadieres, In-
» diennes, & de Chanteufes de Cache-
» mire, conduifoient le Voyageur au mi-
» lieu d'un nuage de parfums, dans des
» maifons confacrées à la volupté. Là
» j'oubliai bientôt le but de mon voyage,

» & je vécus dans ce pays charmant
» comme si jamais je n'euſſe dû le quitter.

» Cependant l'inflexible Chef de la
» caravanne ne tarda pas à m'y forcer ;
» je traverſai rapidement la Province de
» Schiraz, renommée par ſes vins déli-
» cieux ; j'y trouvai l'oubli des maux bien
» différent du bonheur.

» Je traverſai encore le Lariſtan, dé-
» chiré par les factions des ambitieux
» Attabegs. De vaſtes poſſeſſions m'y
» offroient leur séduiſante perspective ;
» mais à mesure que j'avançois vers
» elle, mon horizon s'étendoit ; j'en dé-
» couvrois d'autres, & je sentis que mes
» desirs n'y seroient jamais satisfaits.

» Je m'embarquai sur la Mer Persi-
» que, favorable à ceux qui veulent
» augmenter leurs richeſſes. Le linceul
» de la Mecque me revint à l'esprit,
» & je ne fus point tenté de les imiter.

» Enfin j'abordai dans la Chaldée. J'y
» vis les Mages qui depuis tant de siecles
» y cultivent l'étude de la sagesse. Sa-
» vants Disciples de Zoroastre, leur dis-
» je, c'est sur le bonheur que je viens
» vous consulter. Je sais déjà qu'il n'est
» ni dans le Sistan, ni dans le Schiraz,
» ni dans le Laristan, ni dans les ri-
» ches contrées de Gomron & d'Ormuz;
» mais où est-il donc ? où faut-il le cher-
» cher ?

» Le Destouran Destour prit la parole
» au nom de tous. Le bonheur , me
» dit-il, est comme l'élément que nous
» adorons, il est par-tout ; mais le Voya-
» geur égaré ne le cherche ni dans
» l'éclair qui l'éblouit, ni dans le feu-
» follet qui glisse sur la fange ; s'il le
» trouve, c'est dans le caillou qu'il fou-
» loit à ses pieds ».

Ah ! le beau voyage, s'écria le petit

Ruſtem, en interrompant ſon pere, & quand pourrai-je en faire un ſemblable ?
« Tu le feras, mon fils, lui répondit Feï-
» rouz, tu l'as déjà commencé. La plaine
» du Khoraſſan, c'eſt l'enfance, où tu es
» encore ; l'inflexible chef des Péle-
» rins, c'eſt le temps que rien n'arrête,
» & qui t'en fera bientôt ſortir pour
» te faire entrer dans la jeuneſſe qui fi-
» nira à ſon tour. Alors ſi tu te rappelles
» des leçons du Deſtour, ſi tu ne cher-
» ches le bonheur que dans toi-même,
» mon but ſera rempli, & je n'aurai
» rien à deſirer ».

ABDUL ET ZEILA.

RÉCIT.

LES derniers rayons du ſoleil do-
roïent déjà le ſommet des minarets de

Gazna, lorſque les femmes du Sultan Mahmoud prirent le chemin de cette Ville, après avoir paſſé la journée dans une de ſes maiſons de campagne. Les ſons harmonieux des voix & des inſtruments annonçoient de loin leur troupe bruyante ; l'odeur du muſc & de l'ambre reſtoit aux lieux où elle avoit paſſé.

Cependant le jeune Abdul oublioit ſous des buiſſons de roſes, le Kourouk publié contre tout téméraire qui oſeroit ſe trouver ſur cette route. Déjà l'avant-garde des Eunuques approchoit des buiſſons qui le tenoient caché. Le danger étoit preſſant. Abdul apperçut un puits, & courut s'y jeter.

Le puits n'étoit pas profond, & la chûte d'Abdul fut heureuſe ; mais elle effraya ſon cheval qui ſe détacha, & alla porter le déſordre dans la troupe des Sultanes. Zeila, la plus belle d'entre

elles, ne fut plus maîtreſſe du ſien. Il
s'emporta, s'abattit auprès du puits, &
Zeila tomba évanouie entre les bras
d'Abdul.

Le puits ſans être profond, étoit obſ-
cur & tortueux ; les Eunuques réſolu-
rent de le ſonder : ils défirent leurs
turbans, les lièrent enſemble, attache-
rent une pierre au bout & l'y laiſſerent
aller. Abdul qui avoit entendu leurs
diſcours, ſaiſit la pierre, & tirant douce-
ment les turbans, fit croire aux Eunuques que le puits n'avoit point de fond.
Ils ſe retirerent fort affligés, & allerent
porter cette nouvelle au Sultan.

Abdul s'étoit déjà apperçu que l'endroit
où il ſe trouvoit n'étoit point un puits,
mais un ſouterrain ſpacieux. Il fut aſſez
heureux pour en trouver l'iſſue, prit
Zeila dans ſes bras, & l'emporta chez
lui ſans obſtacle ; car la nuit favoriſoit

la retraite. Zeila revenue de son éva-
nouissement, fut bien surprise de se trouver dans les bras d'Abdul ; mais le plaisir succéda bientôt à l'étonnement, car
jamais elle n'avoit vu de plus beau jeune
homme.

Abdul avoit fait préparer une table
couverte de sorbets délicieux ; déjà l'enfant de la grappe s'unissoit dans leurs
coupes à la fille des nuées ; l'amour étoit
dans leurs yeux, les doux propos dans
leurs bouches. Abdul déjà crut un instant avoir goûté par avance les plaisirs
du Gehennet.

Ensuite Zeila prit un luth, & chanta
ces couplets d'un Poëte connu.

« Le sombre Océan entoure l'Univers,
» Les flots y reposent sur les flots,
» Sur ces flots reposent les nuages ;
» Cet abîme obscur est l'avenir ;

» Mais le préfent eft certain ;

» C'eft de lui qu'il faut jouir.

» Vois l'Anka (1) qui s'élance de deſſus

  » les rochers de Kaf ;

» Il fecoue la pouſſiere de ſes aîles, &

  » ſe perd dans la nue.

» On le dit immortel ;

» Mais ſon ſort n'en eſt pas mieux

  » connu.

» Le préfent ſeul eſt certain ;

» C'eſt de lui qu'il faut jouir.

» Ton viſage eſt brillant comme le

  » jour,

» Tes cheveux ſont ſombres comme la

  » nuit ;

---

(1) L'Anka eſt un oiſeau fabuleux de la Mi-
thologie Perſienne. Il ſe prend quelquefois allé-
goriquement pour l'ame. On trouvera ces Couplets dans l'Ouvrage de Jones, intitulé : *Spe-
cimen Poeſeos Aſiaticæ*, ainſi que la plupart
des penſées répandues dans ce dernier récit.

» Ta

» Ta bouche a les couleurs de l'Aurore,

» Mais l'Aurore eſt paſſagere :

» Les plus brillantes journées paſſent

   » plus rapidement que les autres,

» Les plus heureuſes nuits ne le ſont que

   » par inſtants :

» Le préſent ſeul eſt certain ;

» C'eſt de lui qu'il faut jouir ».

Le ſoleil élevé ſur l'horizon, revoyoit déjà ſon image dans les eaux de l'Indus, lorſqu'Abdul ſortit de table, en répétant entre ſes dents : le préſent ſeul eſt certain, c'eſt de lui qu'il faut jouir.

Il alla au Baſard, vendit tout ſon bien, qui conſiſtoit en marchandiſes, loua des eſclaves, acheta des habits ſuperbes, des parfums rares, des vaſes précieux, & courut les offrir à ſa nouvelle maîtreſſe.

Le huitieme jour il l'aborda d'un air

trifte , & lui dit : « Chere amante , je
» n'ai que trop profité de tes leçons ;
» mes biens font diffipés , pourras-tu ja-
» mais te réfoudre à partager mon in-
» digence ? Zeila élevée dans le luxe du
» ferrail , fut effrayée de cette idée. Elle
» s'étoit d'ailleurs apperçue que la jeu-
» neffe d'Abdul n'étoit pas moins épuifée
» que fes tréfors. Après un inftant de
» rêverie , elle écrivit un billet , le ca-
» cheta , le remit à Abdul & lui dit » ...
Nous ne fommes pas encore auffi près
de l'indigence que tu le crois. « Vas au
» ferrail , demande le chef des Eunu-
» ques , remets-lui ce papier , & fur
» toutes chofes garde-toi de l'ouvrir ».
Abdul baifa le billet , la main qui le
lui donnoit , la bouche qui lui dictoit
fes ordres , & prit la route du ferrail ;
mais à peine eut-il fait quelques pas dans
la rue , qu'il fut violemment tenté de

lire cet écrit, qui devoit le sauver des
horreurs de la misere. La défense de
Zeila ne faisoit qu'augmenter sa curiosité. Il l'ouvrit enfin, & voici ce
qu'il y trouva.

« Fidele Mouasac, ta bienfaitrice vit
» encore. Celui qui te remettra cette
» lettre, lui a sauvé la vie, & lui fait
» goûter depuis huit jours des plaisirs
» semblables à ceux que tu lui as pro-
» curés tant de fois ; songe à la faire
» rentrer au serrail, & assure-toi de la dis-
» crétion de ce jeune homme, comme tu
» t'es assuré de la discrétion des autres ».

Je laisse à penser quel fut l'étonnement
d'Abdul. Il lut & relut plusieurs fois ce
fatal billet, sans vouloir en croire à ses
yeux. Enfin il sortit de Gazna décidé à n'y
jamais rentrer. Il passa la nuit dans un
bois, à se plaindre de la perfidie de
Zeila, & le matin il se joignit à une

caravanne de Marchands de Bagdad.

Arrivé à une journée de cette Ville, il quitta la caravanne, s'enfonça dans un défert, réfolu d'y paffer fa vie, fe nourriffant de fruits fauvages, de racines, fuyant la fociété des hommes, & furtout celle des femmes. La vie qu'il menoit le fit bientôt paffer pour un Saint, lui attira le refpect des peuples, & remplit de fa renommée la réfidence des Califes.

Leur trône étoit alors occupé par Carderbillah, fils d'Ishac, fils de Moctader. Ce Prince avoit un fils nommé Caïm, qui étoit l'objet unique de fes plus tendres affections : Cader connoiffant tout le prix d'une bonne éducation, cherchoit depuis long-temps un homme fage & éclairé qui pût diriger celle du jeune Caïm : il raffembloit à cet effet tout ce que l'Iflamifme avoit de gens renommés par leur piété, leur science ou leur vertu. Abdul fut de ce nombre.

Ce n'étoit plus le temps où le Lieutenant du Prophete couchoit fur les degrés de la Mosquée, pour être le premier à la priere du matin. Le faste avoit pris la place de la simplicité ; le Calife se cachoit à tous les yeux, peu de ses courtisans étoient admis à le voir. Les autres se contentoient de baiser le rideau qui fermoit la salle du Divan. Abdul amené devant lui, demeura interdit à la vue de tout l'éclat qui l'environnoit.

« Approche, jeune solitaire, lui dit
» Cader, & rassure-toi ; dis-nous com-
» ment la présence des Souverains de la
» terre peut intimider le Religieux ac-
» coutumé à la présence du Monarque
» des Cieux ? Sublime Commandeur des
» croyants (répondit Abdul un peu re-

» venu à lui-même) ne t'en étonne
» point, & que l'esprit de vérité qui
» l'inspire, ne te fasse point dédaigner
» le récit que je vais faire.

» Une goutte d'eau échappée à la nue,
» tomba un jour dans la mer. Effrayée
» d'abord de l'immensité de l'élément
» dans lequel le sort l'avoit jetée, elle
» perdit l'usage de ses facultés ; mais
» une coquille la reçut dans son sein,
» la nourrit, la protégea, & cette
» goutte d'eau est devenue dans la suite
» la perle qui orne le diadème de ta
» Hautesse.

» Cet apologue ne déplut point au
» Prince des fideles : (Abdul, lui dit-il)
» je desire que tu prennes soin de l'édu-
» cation de mon fils ; veux-tu quitter
» ton désert & vivre à ma Cour ? Abdul
» répondit : Seigneur, tes desirs sont
» des ordres ; mais un Hermite est peu

» fait pour elle, & la faveur des Princes
» est une toile qu'un Peintre a remplie ;
» on ne sauroit y placer une figure,
» sans en effacer une autre.

» Je t'entends (reprit Cader) tu
» crains pour mon fils le commerce des
» flatteurs ; hé bien , je consens à ce que
» tu l'amenes dans ta solitude. Auras-tu
» encore quelque apologue à opposer à
» mes volontés ? Abdul n'en eut point ;
» car il savoit que lorsqu'un Prince
» croit avoir bien entendu, il n'est pas
» prudent de vouloir lui prouver le
» contraire ».

De retour dans son désert , Abdul ne
s'occupa plus qu'à donner à son éleve les
leçons & l'exemple de toutes les vertus. Il lui apprenoit quels seroient un
jour ses devoirs, comme Lieutenant du
Prophete sur la terre, comme média-
teur des Puissances de l'Asie, comme
Souverain de Bagdad.

« Mais (ajoutoit-il) ce n'est pas tout
» que de faire des heureux ; il faut l'être
» toi-même. Pour y parvenir, apprends
» à te défier des femmes ; l'ivresse
» qu'elles inspirent, est bien plus dan-
» gereuse que celle que nous défend le
» Prophete. Le seul moyen de s'en ga-
» rantir, est de n'avoir pour elles d'autre
» sentiment que celui de l'indifférence
» la plus parfaite.

» Ces leçons souvent répétées, pro-
» duisirent sur le jeune Prince l'effet
» qu'Abdul en attendoit. Un jour que
» la chasse des gazelles l'avoit conduit
» sur le chemin de la Mecque, il ap-
» perçut une troupe de Carmathes, oc-
» cupés à piller une caravanne de Péle-
» rins. Il fondit aussi-tôt sur ces impies
» avec les gens qui l'accompagnoient,
» & n'eut pas de peine à les mettre en
» déroute. Encouragé par ce succès,

» Caïm voulut poursuivre les fuyards, &
» fut légérement blessé d'un coup de
» fleche ».

Il entendit en même-temps un cri
perçant, se retourna & vit une femme
qui lui tendoit les bras ; mais il ne
daigna pas l'aborder, rassembla les chefs
de la caravanne, les remit sur leur chemin, prit congé d'eux, & partit sans
regarder seulement derriere lui.

Cette femme que dédaignoit Caïm,
étoit Azéma, fille chérie du Sultan
Mahmoud, & la plus belle Princesse
de l'Orient ; elle revenoit des Villes
Saintes ; ses yeux pendant le combat
n'avoient point quitté Caïm, & son
cœur s'étoit donné à lui ; elle feignit
d'avoir besoin de repos, fit tendre ses
pavillons sur le champ de bataille, y
passa trois jours, apprit que Caïm étoit
fils du Calife, & partit pour Gazna,

avec quelque espérance dans le cœur.

Mais le mal qui la minoit, ne la quitta point, & la tristesse la faisoit dépérir ; Mahmoud s'en apperçut, la pressa, & en obtint l'aveu de son amour. Ce tendre pere ne savoit lui rien refuser. Il fit aussi-tôt partir pour Bagdad son Vizir Meïmendi, chargé d'offrir au fils de Cader la main d'Azéma, avec la moitié des richesses de l'Inde.

Meïmendi revint au bout de deux mois, se prosterna treize fois devant Mahmoud sans oser proférer une parole. Le Sultan comprit ce silence, « sans » doute (lui dit-il) tu n'as rien que de » sinistre à m'annoncer ». Le Vizir répondit : « Seigneur, le Ciel a frappé » d'aveuglement le Calife de Bagdad. » Cet insensé refuse l'alliance du fils de » Sebektheghin. Il dit que Caïm hait les » femmes, & qu'il a juré de ne se ma-

» rier que lorſqu'Abdul lui en aura
» donné l'exemple ».

Et quel eſt cet Abdul ? (demanda le
Sultan) « c'eſt, reprit le Vizir, un vil ré-
» fugié de Gazna, qu'on lui a donné
» pour inſtituteur ». Le conquérant des
Indes ſortit indigné de la ſalle du Divan, s'enferma pendant trois jours, &
le quatrieme on fit des préparatifs de
guerre; mais pour cette fois ils ſe trou-
vèrent inutiles. Un jour Abdul rêvant
profondément à l'amertume dont ſes
premiers plaiſirs avoient été ſuivis, vit
entrer une femme voilée, qui vint ſe
jeter à ſes genoux : Sage & ſavant
» Hermite (lui dit-elle) tu vois ici la
plus malheureuſe des femmes. J'avois
un amant, je l'ai trahi. Il m'avoit ſacrifié
ſa fortune. Il avoit expoſé ſes jours pour
ſauver les miens, & j'ai cauſé ſa mort.
Sans doute il n'eſt plus; mais mes re-

mords l'ont vengé. Ils me pourfuivent
fans cesse. Si tu fais quelque moyen pour
m'en délivrer, apprends-le-moi; finon
laisse-moi mourir à tes pieds ».

L'inconnue laissa tomber son voile:
Abdul reconnut Zeila. « O Zeila!
(s'écria-t-il) Zeila! tu m'es enfin rendue! je fais bien que ton ame n'est
pas faite pour la mienne; mais mon
cœur flétri par la douleur, ne fauroit
réfister au fouvenir du bonheur que tu
lui a fais connoître ».

Azéma étoit venue à Bagdad avec
Zeila, cachée derriere un rideau avec
Cader & Caïm; elle y attendoit le
fuccès des négociations de fon artifi-
cieufe compagne. Abdul reçut leurs com-
pliments. Caïm fe fouvint de fa pro-
messe. Les Peuples de Gazna ne massa-
crerent point ceux de Bagdad.

Mortel, retiens mes leçons; le bonheur
n'est

n'est point fait pour toi. Mais si, comme
Abdul, tu peux entrevoir son image,
empresse-toi de la saisir ; car tu marches
avec sécurité, & la pierre de ton sé-
pulcre presse la plante de tes pieds.

LETTRE IX.

Constantinople.

JE reviens dans ce moment chez
moi, fort content d'une visite que
j'ai faite au principal Teket, des
Dervis Merlevi. Leur Supérieur
m'a reçu dans une chambre qui
n'étoit séparée que par une simple
toile de celle de ses femmes ; il m'a
quitté un instant pour passer chez
elles, & leur ordonner de chanter.

E

« Les voix des femmes, m'a-t-il dit
en rentrant, réjouissent le cœur, & ce
monde est un monde de fumée, où
il ne faut songer qu'à se réjouir ».
L'heure de la priere étant venue,
les Dervis se rassemblèrent chez
lui, Il se mit à leur tête & prit le
chemin de la Mosquée ; l'un des
plus jeunes se détacha de la troupe
& me conduisit à une fenêtre, d'où
je pus voir leurs dévotions, qui sont
aussi gaies que leur morale : elles
commencent par une musique douce, toute en semi-tons, dont la mesure lente & l'harmonie mélanco-
lique semblent plonger les Dervis
dans de saintes méditations. Ensuite la musique devient plus vive,

Les Dervis se levent tous à la fois, se prosternent devant le Supérieur, & puis tournent sur la pointe du pied droit avec une rapidité extrême, & leur jupon plissé, qui s'étend en cercle autour d'eux, leur donne beaucoup de ressemblance avec des toupies.

J'avois été hier jusqu'à l'extrémité du fauxbourg de Santari, pour y voir les cérémonies religieuses des Dervis Rufaï. Ils ont commencé par se mettre en rond, & chanter à l'oreille les uns des autres; ensuite ils se sont agités en différents sens avec une violence extrême; en répétant ces mots-là: Illah, hou hou. Après quatre heures d'un pareil

exercice , ils fembloient être tom-
bés dans une démence qui ne m'a
pas paru entiérement jouée. Les
uns fe jettoient à terre & frappoient
de la tête contre les murs , d'autres écumoient , prenoient des con-
vulfions, & s'écrioient qu'ils voyoient
le Prophete. Enfin , l'on a apporté
des crochets de fer rougis fous nos
yeux. Les plus fervents fe font jet-
tés deffus , & les ont tenus dans
la bouche jufqu'à ce qu'ils fuffent
entiérement éteints. La cérémonie
a fini par quelques miracles , que le
Supérieur a faits en touchant des
malades & des eftropiés.

On pourroit croire en lifant ceci,
que les Rufaïs ont calqué leur dé-

votion fur celles des Convulfionnai-
res de Saint-Médard. Il eft certain
cependant qu'ils n'en ont jamais eu
connoiffance. Mais tel eft le caractere de la fuperftition. Si notre œil
perd quelquefois fa trace dans les
courbes excentriques que l'imagination lui fait décrire, bornée comme
l'imagination elle-même, nous la
revoyons bientôt rentrer dans les
mêmes cercles, & tangente aux
mêmes points.

LETTRE X.

Le 28, à Conftantinople.

J'AI employé deux lettres entieres à vous parler des amufements

des Turcs, parce que j'ai cru qu'un peuple s'y peignoit mieux que dans toutes les autres circonstances de sa vie privée. Je ne vous ai point parlé de leurs mœurs & de leur caractere national, parce que je remettois ce sujet à des temps où un plus long séjour m'auroit mis à portée de m'en instruire davantage ; mais je pars dès ce soir, & je ne saurois me résoudre à quitter ce pays, sans essayer au moins de vous inspirer quelqu'intérêt pour le peuple qui l'habite. Les Turcs, jadis féroces & guerriers, paroissent enfin être revenus à cette humeur douce & tranquille qui distingue les nations de l'Asie. L'esprit de paix qui défend aux Bramines d'attenter à la vie des animaux, semble inspirer également l'habitant du Bosphore. Vous aurez sans doute entendu parler du soin qu'on prend à Constantinople, des chiens & des chats qui peuplent les rues de cette ville. Mais ces animaux ne sont pas les seuls qui aient droit aux libéralités des Turcs. Un nombre infini de tourterelles & de ramiers qui habitent librement tous les toits, vont au-devant des barques chargées de grains, & ont l'air d'y exiger avec hauteur leur droit, fixé généralement à une mesure par sac. Les oiseaux aquatiques, dont le canal est couvert, se détournent à

peine quand la rame est prête à les
toucher, & leurs nids sont respec-
tés, même des enfants, qui seroient
par-tout ailleurs leurs ennemis na-
turels. Enfin la confiance mutuelle
rétablie entre l'homme & les animaux, semble ramener quelquefois l'observateur à l'enfance de la
nature ; mais ce qui achevera sans
doute de vous gagner en faveur
des Turcs, c'est leur respect pour
les arbres ; les couper est un crime
énorme, qui fait murmurer tout le
voisinage, aussi n'est-il rien qu'on
ne fasse pour l'éviter. Souvent j'ai
vu des boutiques bâties autour d'un
grand platane, qui sortoit par le
toit & le couvroit de son feuil-

lage, ou des murs traverſés par des branches, qu'on n'avoit pu ſe réſoudre à retrancher. Les vieux arbres ſont la plupart entourés d'une terraſſe qui ſert à contenir leurs racines. Les jeunes ont des abris de nattes, & cela dans des terreins qui n'appartiennent à per-ſonne.

Un autre point ſur lequel les Turcs paroiſſent, au premier coup-d'œil, ſe rapprocher des autres Nations de l'Orient, eſt leur goût pour le faſte. Les promenades du Grand-Seigneur ſur l'eau, ſa mar-che à la Moſquée, le départ de la caravanne de la Mecque, ſont au-tant de ſpectacles pompeux, qu'il

E 5

suffit de nommer pour réveiller
l'idée de la magnificence. Mais il
faut considérer que ce faste est plutôt
à Constantinople d'étiquette que de
goût. Celui qui n'y est pas obligé par
sa place, se garde de l'afficher. Le
plus riche n'habite qu'une maison
dont les dehors annoncent à peine
l'aisance, & réserve le luxe pour
l'appartement de ses femmes, qui,
à leur tour, ne se parent que pour
lui. Leur maxime est qu'il faut
jouir, & non paroître jouir. De-là
cette Philosophie si douce, qu'on
ne retrouve que dans les écrits des
Orientaux, qui ne s'exprime point
par des paradoxes brillants, mais
par des apologues d'une vérité frap-

pante, & paroît chercher plutôt à
s'épancher qu'à se répandre. La
Poéfie n'y eft employée qu'à ramener fans ceffe à la nature, par
des objets de comparaifon choifis
entre fes plus belles productions.
L'allégorie inventée dans l'Orient
pour mettre la penfée à l'abri des
premieres fureurs du defpotifme,
y reparoît fans ceffe avec la ri-
cheffe de la plante refemée fur fon
fol natal, & la morale fe cachant
fous fes traits, n'y prêche que le
mépris des grandeurs, le bonheur
de la vie privée, & fur-tout le repos; car l'Apôtre du repos eft toujours sûr de fe faire écouter dans
l'Orient; rien ne le prouve mieux

que les environs de Constantinople.
Le nom même de promenade y
est inconnu, mais on y trouve une
foule de repofoirs charmants : ce
font de petites terrasses de ma-
çonnerie, placées dans quelque fite
heureux, à l'ombre d'un immense
platane ; tout auprès est une fontaine, un âtre à faire le café, &
un michrab pour y dire fa priere.
Une infcription apprend qu'ils ont
été construits aux frais d'un chari-
table Mufulman, qui a voulu que
fon nom foit béni à l'avenir par ceux
qui viendroient s'y repofer. C'est
auffi là que l'Habitant de Conftantinople vient étendre fes tapis & fes
fophas, & jouiffant en filence des

beautés de la Nature qui l'environne, il y paſſe des journées entieres, plongé dans ces douces rêveries, dont le charme ignoré des eſprits actifs, eſt ſi connu des ames contemplatives.

Le 28 Juin, en Mer.

DÉja je ſuis à bord de la Sainte-Anne, Corvette Françoiſe qui doit me porter à Alexandrie. Votre penſée doit me ſuivre déſormais au travers des ſables brûlants de l'Afrique. Il eſt juſte de l'arrêter encore un inſtant ſur les rivages délicieux que je ſuis peut-être deſtiné à ne plus revoir. L'eſpece d'enchantement que j'éprouvai en

les voyant pour la premiere fois,
m'avoit empêché de les décrire,
& je les quitte fans que le preſtige
foit entiérement diſſipé. Mais tandis que je veux vous les peindre,
la vîteſſe avec laquelle nous nous
en éloignons, m'en ôte la poſſibi-
lité. Déjà je ne vois plus ce baſſin
ſuperbe, toujours couvert de voiles
auſſi légeres que le vent qui les en-
fle. Je ne vois plus l'amphithéâtre
qui l'entoure, les minarets qui le
couronnent, les murs impoſants de
ce ſerrail, qui a vu tomber tant de
têtes, & gémir tant de beautés ;
enfin la vue n'a plus pour ſe re-
poſer, que de vaſtes cimetieres. Là,
entre les ronces & les cyprès, s'éle-

vent des milliers de tombeaux qui entourent la Ville, & fervent de cadre au tableau magnifique dont j'ai voulu feulement indiquer quelques traits. Déjà hors de la portée de mes yeux, il fe repréfente encore à mon imagination ; mais lorfqu'il s'agit de décrire, l'imagination eft pour les voyageurs un guide trop dangereux, & la raifon m'avertit de finir. Adieu, le vent eft favorable, & nous efpérons nous rendre dans peu aux Dardanelles, où j'aurai foin de faire remettre cette Lettre.

LETTRE XI.

Le 30, aux Dardanelles.

NOTRE navigation fur la Mer-Blanche a été lente, mais agréable. Nous jouiffons toujours de la vue des Ifles de Marmara, & des côtes de l'Europe & de l'Afie, qui, quoique moins pittorefques que vers le canal, ont un genre de beauté plus fimple, mais qui plairoit davantage à beaucoup de monde. Nous venons de jetter l'ancre auprès d'un joli village; il ne confifte qu'en une Mofquée, un café & quelques maifons de campagne, bâtis de la maniere du monde la plus agréable. Malheureusement nous devons nous contenter de la vue de ce pays; car la peste qui commençoit déjà à se déclarer à Constantinople, lorsque nous en sommes partis, fait ici des ravages affreux, ainsi que dans tout l'Archipel. Nous avons pris la résolution de ne point communiquer avec les Habitants; mais nous ne sommes pas encore tout-à-fait hors de danger, car les Douaniers Turcs veulent absolument venir demain à bord, & ne peuvent pas comprendre que la peste soit une raison de se garder.

Le 2 Juillet , aux Dardanelles.

. . . . .Juvat ire ,
Et Dorica Caftra videre littufque relictum.
Hic Dolopum manus hic fævus tendebat
Achilles.

JE viens de les voir ces lieux
où campoit la troupe des Dolopes,
& celle du cruel Achille, ainfi que
le village où jadis étoit Troye.
On dit que les payfans Grecs, qui
l'habitent, favent tous qu'il y a eu
là une grande Ville détruite pour
l'amour d'une femme, mais c'eft
ce que je ne faurois vous affurer ;
car tout ce que je vous dis là , je
ne l'ai vu que de mon vaiffeau.
Nous avons paffé toute la matinée
à louvoyer dans le canal de Téné-

dos, où nous avons trouvé, non
les flottes de Ménélas & d'Agamem-
non, mais une Escadre Espagnole,
qui alloit porter à Constantinople
les présents destinés au Grand Seigneur. Voilà, comme vous voyez,
une journée commencée d'une maniere brillante ; elle n'a pas fini de
même. Nous avons été accueillis
sur le soir par une bourasque, qui
nous a obligé de rentrer dans le
canal, avec nos voiles déchirées &
nos agrêts en affez mauvais état.

Le 3 , en Mer.

APRÈS avoir passé la matinée à
remédier aux dommages de la
veille, nous avons mis à la voile

vers les onze heures , & profitant d'un vent frais de Nord-est, nous nous sommes trouvés , à l'entrée de la nuit , hors du canal qui sépare l'Isle de Lesbos d'avec les côtes de l'Asie mineure. Me promenant sur le gaillard avec le Capitaine , nous entendîmes une voix que nous jugeâmes d'abord venir de quelque bateau que l'obscurité nous empêchoit d'appercevoir. Mais la voix s'affoiblissant peu-à-peu , & semblant demander du secours, on jugea que c'étoit un homme qui se noyoit. Le Capitaine fit aussi-tôt virer de bord , & mettre le canot à la mer. On trouva effectivement un Turc qui se tenoit à trois plan-

ches qu'il avoit liées avec son turban. On l'a mis auprès du feu, &
l'on a cherché à savoir les détails
de son aventure ; mais la joie qu'il
avoit de se voir hors de danger, lui
ôtoit presque l'usage de la raison,
& ses discours n'avoient aucune
suite. Bientôt après il s'est endormi
d'un profond sommeil, provenant
sans doute de l'épuisement de ses
forces ; s'il se trouve demain en
état de contenter notre curiosité,
je ne manquerai pas de vous faire
part de son récit ; mais ce que je
ne saurois vous faire partager,
c'est le plaisir que cette aventure
m'a fait, car il faut l'avoir éprouvé,
pour pouvoir le comprendre.

NOTRE Turc s'est éveillé ce
matin assez bien portant. Les premieres paroles qu'il a proférées, ont
été des transports de reconnoissance
envers notre Capitaine, dont il vouloit, disoit - il, se faire l'esclave,
pour s'acquitter envers lui. Cet
homme s'appelle Ahmed, il est au
service de l'Aga d'une petite ville
de la côte, appellée Bayram-Calasi.
Il s'étoit mis le matin sur une barque du pays, pour traverser le Golfe
de Cazdaly : la barque avoit été ren-
versée par un coup de vent, & de
huit hommes qui s'y trouvoient, les
uns s'étoient d'abord noyés, d'au-

tres avoient ſaiſi des planches ,
mais Ahmed ne ſavoit pas ce qu'ils
étoient devenus. Quant à lui, il avoit
eu l'adreſſe de lier trois planches avec
ſon turban , & de ſe débarraſſer du
reſte de ſes vêtements , & cela tout
en nageant. Un Grec qui avoit
une bourſe pleine d'or pendue à ſon
cou, la lui avoit offerte pour une
de ſes planches, qu'il avoit refuſée.
Sur le midi, deux barques de Grecs
avoient paſſé aſſez près de lui ſans
vouloir le ſecourir. Pendant toute
la journée , beaucoup de marſouins
avoient joué autour de lui, & lui
avoient fait grande peur, mais point
de mal. Enfin lorſque nous l'avons
rencontré, il étoit dans l'eau de-

puis plus de quatorze heures. Le
froid l'avoit tellement saisi, qu'il
n'avoit plus la force de tenir ses
planches, & il nous a assuré qu'un
quart-d'heure plus tard, il auroit
infailliblement péri. Ainsi vous jugez aisément combien nous devons
nous féliciter de nous être trouvés
là si à propos.

Le Golfe de Cazdaly est une
très-belle plage, située au pied du
Mont Ida. Nous devons y charger
des bois de charpente pour Alexandrie; car ce pays est, comme au-
trefois, fameux par ses forêts. Les
Marchands qui en avoient à vendre,
sont venus en barque au-devant de
nous, pour obtenir la préférence
Quelques-un

Quelques-uns étoient de la connoissance de notre Ahmed, & leurs bénédictions nous ont accompagnés jusqu'au port.

Autre événement. Un brigantin de fort mauvaise mine, vient de mouiller dans une calangue assez proche de nous. Comme l'Archipel est à présent plein de forbans, nous pensons que ce pourroit en être un, & nous comptons passer la nuit sous les armes.

Le 5, à Cazdaly.

Nous avons été reconnoître ce matin l'armement qui nous avoit donné l'alarme hier au soir. Il s'est trouvé que ce n'est qu'un François chargé d'esclaves pour Constanti-

F

nople, dont le bâtiment conſtruit
pendant la guerre, par des corſaires
Mahonnois, nous paroiſſoit ſuſpect
à très-juſte titre. Adieu, je ferme
ma lettre; mais elle doit être re-
miſe à un meſſager Turc, payé
d'avance, & je crains qu'elle ne
vous parvienne pas.

LETTRE XII.

Le 18, à Cazdaly.

JE vous ai dit que l'endroit où
nous ſommes depuis quinze jours,
eſt une belle plage, ſituée au pied
du Mont Ida, dont les forêts s'éten-
dent juſqu'à la mer. Au milieu de

cette contrée sauvage sont quelques jardins, dont la culture est assez soignée pour le pays. C'est dans l'un d'eux que j'avois établi ma demeure : un berceau de treille adossé contre une cabane, forme tout mon appartement. A quelque distance est une petite riviere, sur laquelle on a jetté des planches & bâti un café, où l'air est toujours rafraîchi par l'eau, qui coule sous le plancher, & par l'ombre d'un grand platane, dont le feuillage sert de toit. C'est-là que se tiennent une fois la semaine des marchés, où se rassemblent tous les Habitants des environs; de l'autre côté de la riviere sont deux autres platanes, dont l'un sert d'abri aux voya-

F 2

geurs , l'autre aux chameaux ; ils
font affez grands pour couvrir toute
une caravanne. Les Habitants nous
en avoient d'abord impofé par leur
air fier & les armes dont ils font couverts ; mais nous avons bientôt reconnu que c'étoit le peuple le plus
doux de la Turquie. J'ai profité de
cette découverte pour me perdre à
plaifir dans les vallons & les forêts
de l'Ida ; les beautés de la Nature ,
quoique répandues avec profufion ,
n'étoient pas les feuls charmes qui
m'y retenoient. J'y voyois les champs
où l'heureux Pâris avoit gardé fes
troupeaux ; les cedres qu'Hector
balançoit dans fes mains ; le laurier
qui a confervé ici le nom de Daphné,

& toutes ces choses faisoient revivre en moi l'idée de l'antiquité, mieux que n'eussent fait des marbres & des colonnes. Enfin c'est aujourd'hui que nous quittons ce séjour, mais ce ne sera pas sans regrets, au moins de ma part, car j'y étois heureux, de ce bonheur tranquille qu'on goûte à se rapprocher de la Nature. On n'attend plus pour mettre à la voile, qu'un Cadi des environs qui va à la Mecque, & doit s'embarquer avec nous.

Le 20, en Mer.

No u s avons passé cette nuit entre les Isles Mosconis & l'Isle de Lesbos, fameuses pour avoir donné naissance à Sapho, & à ce genre

F 3

d'amour que les Dames Turques
ont depuis renouvellé des Grec-
ques. Vers le midi, nous avons paffé entre Chio & le port de Cizmé,
fi fatal à la marine Ottomane. Nous
y avons trouvé l'Efcadre du Capitan Pacha, à qui cette vue ne devoit
pas donner des fouvenirs bien agréables.

Le 20, en Mer.

Si vous voulez me fuivre fur les
côtes de l'Archipel, il vous faudra
d'abord paffer entre Samo & Nica-
ri, enfuite entre Nacri & Gato-
niffi, enfin dans l'Ifle de Cos, où
nous arriverons dans un moment. Il
n'eft pas fûr que nous y defcendions,
car peut-être la pefte y regne;

comme dans les autres Isles. Mais cette lettre sera toujours remise au Consul de France, & j'espere qu'elle vous parviendra.

LETTRE XIII.

Le 16 Août, à Alexandrie.

LA peste étoit très-forte dans l'Isle de Cos, presque toute la maison du Consul en étoit morte ; ainsi vous jugez bien que nous nous sommes gardé d'aller à terre, & que nous avons continué notre route. Le lendemain 21 Juillet, nous avons rangé de très-près la ville de Rhodes : j'y ai ressenti le premier

accès d'une fievre , quim'a rendu si
foible , que vingt-quatre heures
après je ne pouvois plus quitter mon
lit ; bientôt le Chevalier Kownacki
s'est trouvé atteint de la même ma-
ladie ; ensuite tous mes domesti-
ques & un Missionnaire qui s'étoient
joints à nous , se sont trouvés dans
le même état. J'ignore absolument
tout ce qui s'est passé pendant mon
voyage de Rhodes à Alexandrie. Arrivé devant cette ville , je n'avois
pas la force de monter sur le gaillard, & je me suis traîné à la proue ;
mais au lieu de voir le port, ma
foiblesse ne m'a laissé appercevoir
qu'un nuage blanc ; & j'ai regagné
mon lit , avec assez de peine. J'ai

quitté le vaisseau au bruit du canon qu'on tiroit pour me faire honneur ; & qui m'a rompu la tête au point de me faire évanouir. Venu dans la maison du Consul, j'ai appris que ces environs délicieux du Mont Ida, dont je vous ai dit tant de bien, sont situés sous le climat le plus perfide. J'y avois passé quinze nuits en plein air, c'est plus qu'il n'en faut pour y prendre toutes les fievres du monde. Mais ce n'est pas absolument ma faute, car je n'étois pas averti ; nous avons heureusement trouvé ici tous les secours imaginables, un fort bon Médecin, & dans la maison du Consul, autant de soins que j'aurois pu en trouver chez vous. Aussi je

n'ai pas tardé à me rétablir. K * * *
m'a suivi de près ; mais mes gens
ont eu des rechûtes , & aucun n'eſt
en état de me suivre au Caire. Je
me prépare actuellement à ce voyage , que je dois faire dans cinq ou ſix
jours. Déjà vous ne me reconnoî-
triez plus. Je porte un grand turban à la Druſe ; j'ai la tête raſée, &
des habits à l'Egyptienne , qui ſont
un peu différens de ceux de la Turquie. Je ne vous parle ni de la
colonne de Pompée , ni de l'aiguille
de Cléopâtre , ni des catacombes ,
ni de toutes les autres antiquités
d'Alexandrie , dont tous les voyageurs ont déjà tant parlé.

LETTRE XIV.

Le 17 Août, à Rosete.

JE vous ai écrit hier que je devois partir pour le Cairé dans cinq ou six jours. C'étoit en effet mon projet ; mais il s'est trouvé que le Reis de la Gerace que j'avois arrêté, étoit de Rosete, & qu'il vouloit passer chez lui les fêtes du Bairam ; ainsi j'ai été obligé de partir ce matin. Nous avons fait huit lieues le long d'une côte aride, ensuite nous sommes entrés dans le Boghaz, à l'embouchure du Nil. Ce passage est dangereux, à cause d'un banc de sable qui se trouve à l'entrée. Un Pilote côtier s'y tient ordinairement, & fait des signaux, d'après lesquels les bâtiments gouvernent. Toutes ces précautions ne nous ont pas empêché de toucher. Mais les eaux du Nil étant déjà assez hautes, nous avons bientôt remis à flots.

Le pays depuis le Boghaz jusqu'à Rosete, est d'une beauté admirable. De plus, il est placé à côté d'un désert de sable, & le passage de l'un à l'autre est si rapide, qu'il semble tenir du prestige. Rosete est mieux bâtie qu'Alexandrie; elle paroît aussi plus opulente, & à proportion plus peuplée, quoique la

peste

pefte lui ait enlevé ce printemps plus d'un tiers de fes habitants. On m'a mené ce foir dans le jardin d'un nommé Abou Haffan, qui paffe pour le plus beau de la ville. C'eft une forêt de cocotiers, de bananiers, de cachemantiers, de jafmins d'Arabie, & d'une foule d'arbres & d'arbuftes inconnus en Europe ; elle eft traverfée de fentiers bordés de ruiffeaux, où l'on croiroit voir l'intention de nos promenades fauvages. Mais ces gens-ci ne plantent que pour avoir de l'ombre, des fruits & des fleurs ; & fans doute ils feroient moins bien, s'ils avoient d'autres prétentions.

G

Nous nous sommes embarqués
ce soir pour le Caire. Jamais navigation ne m'a paru plus agréable.
Les eaux du Nil qui s'élevent déjà
au niveau des côtes , nous laiffent
voir la campagne à de très-grandes
diftances. Ce font par-tout des forêts de palmiers & de fycomores,
des champs couverts de rizieres,
dont le vert doré ne reffemble à
rien de ce que l'on voit chez nous,
& un nombre prodigieux de villages, qui étonneroit, fi l'on ne fa-
voit pas que toute la population
de l'Egypte eft raffemblée fur les
bords de ce fleuve bienfaifant. Le

jour commence à baisser ; on range les armes, & on se prépare à faire sérieusement la garde, car il y a autant de corsaires sur le Nil, que sur quelque mer que ce soit.

Le 22, à Boulak.

DEPUIS deux jours, la fievre m'a repris d'une maniere assez violente, & a beaucoup ôté à l'agrément de mon voyage. Nous sommes arrivés fort tard à Boulak, petite ville qui sert de port à la capitale de l'Egypte, & qui est même regardée comme un de ses fauxbourgs. Je dois y passer la nuit, chez un Négociant Vénitien, à qui je suis recommandé. La premiere chose qui m'a frappé en entrant chez lui,

G 2

a été de voir un fallon de compagnie, fans toit & fans plafond ; mais cette partie de la maifon eft inutile dans un pays où il pleut à peine une fois tous les deux ans , & cela très-foiblement.

Le 23 , au Caire.

NOTRE entrée au Caire ne m'a point offert de tableaux agréables. Depuis près d'un mois, la famine défole cette ville immenfe. Cet affreux fléau que je connoiffois à peine par les defcriptions des Hifto-riens , je l'ai vu ici dans toute fon horreur. Il a été principalement occafionné par l'avarice des Beys qui ont fait exporter les grains dans le moment où il y en avoit le moins. Cette mauvaise opération avoit fait tout de suite monter le bled jusqu'à dix fois sa valeur ordinaire. Lorsque le peuple le sut, il se rassembla dans les Mosquées, maudit ses Maîtres, & demanda au Ciel de lui envoyer la peste, pour finir à la fois tous ses maux. C'est à cela que s'est borné toute son énergie. A présent les rues sont jonchées de vieillards, de femmes & d'enfants nuds exténués par la faim & défigurés par une maigreur effrayante. Il est inutile de vouloir donner l'aumône, car elle ne manque guères d'occasionner des querelles, & le plus fort l'a bientôt enlevée à celui qui en auroit le plus

de befoin , & que fa foibleffe .empê-
che déjà de fe défendre. Malgré tout
cela , les riches font bonne chere ;
mais il n'eft pas permis à tout le
monde de la goûter dans de pa-
reilles circonftances.

Mes fenêtres donnent fur le
Kalifch, qui eft la rue du Caire
la plus fréquentée dans cette fai-
fon-ci ; elle l'eft fur-tout beaucoup par les Spectacles ambulans
de toute efpece , pour lefquels
cette ville eft fameufe. J'y ai déjà
remarqué des gens qui faifoient
danfer une efpece de babouin à
longue queue, que je ne crois
pas avoir été connu de M. de
Buffon ; d'autres qui fe battoient

avec des couleuvres de plus de
dix pieds de longueur; d'autres qui
fautoient à travers des cerceaux
très-étroits & garnis de poignards.
Mais le Spectacle qui a le plus
de réputation au Caire, est celui des Raghouaz ou Danseuses,
qui font la plupart assez jolies,
contre l'ordinaire des femmes de
l'Egypte. Elles ont le visage découvert, les cheveux flottants,
font décolletées jusqu'à la ceinture,
& leurs danses approchent encore
plus de la vérité que celles de la
Turquie. A côté de ces Prêtresses
de la volupté, une femme me mon-
troit son enfant qui venoit d'ex-
pirer faute de nourriture; d'autres

G

affamés qui n'avoient plus la force
de se soutenir, s'appuyoient contre
les murailles, pour pouvoir arriver jusques sous mes fenêtres ;
quelques-uns tomboient en chemin. J'ai jetté de l'argent dans la
rue ; mais cette générosité a fait
un mauvais effet ; car tous les men-
diants du quartier se sont mis à
assiéger la maison, & ils y sont
encore à pousser des cris affreux.

La rue dont je vous parle sera
demain métamorphosée en canal &
remplie par les eaux du Nil, que
l'on y introduit en grande pompe.
Le but de cette cérémonie est
d'avertir le Peuple, que le Nil a
pris son accroissement ordinaire.

On dit qu'elle est fort curieuse ; si cela est, je ne manquerai pas de vous en rendre compte lorsque je l'aurai vue.

LETTRE XV.

Le 24, au Caire.

LA fête a été très-brillante ; les rues, les fenêtres & les toits étoient remplis de monde. L'eau ayant tardé à venir, on a remarqué un peu d'inquiétude, mais son abondance a bientôt rassuré tout le monde : & ce malheureux peuple a poussé des cris de joie, sans songer que la faim en feroit périr une partie avant

G 5

qu'il pût voir cette récolte dont il se promettoit tant de bien. Rien n'égale le respect superstitieux des Habitants de l'Egypte pour le fleuve qui les nourrit. Quelques-uns se faisoient un plaisir de traverser dans tous les sens cette eau bourbeuse. Les meres y faisoient plonger leurs enfants qui en sortoient noirs comme des crapauds. Enfin la foule ne s'est dissipée que lorsque l'eau est devenue assez haute pour l'obliger à se retirer. Depuis ce temps, le Kalisch a été couvert de barques élégantes, dont les rameurs accompagnent leur travail d'un chant peu varié, mais harmonieux, & qui n'a rien des cris

aigus & diffonants de la mufique
Turque. Le Pacha & les principaux Beys affiftent à l'ouverture du
Kalifch, & témoignent par écrit
que l'eau y eft entrée : fans cela, le
Grand-Seigneur ne pourroit exiger aucun tribut de l'Egypte. Mais
tout cela n'eft que cérémonie, car
les Beys gardent également pour
eux tous les revenus de ce pays,
& n'envoient abfolument rien à
Conftantinople.

LETTRE XVI.

Ie 6 Septembre, du Caire.

C'EST encore à vous parler d'une
cérémonie, que cette Lettre eft

G 6

confacrée. La caravanne de la Mecque est fortie ce matin accompagnée des Ogiaks, des Beys, de tous les corps de Milice & de toutes les Sectes tolérées au Caire. L'ordre de cette marche a été réglé par Sélim II, lors de la conquête de l'Egypte, & l'on y conferve les coftumes de fon fiecle : ce font des cottes de mailles couvertes de peaux de tigres; des chals qui enveloppent la tête & le vifage, & flottent au gré du vent; des boucliers, des carquois enrichis de pierreries, des fleches dorées & des lances ployantes, en ufage chez les anciens Arabes. Parmi les Sectes les plus remarquables, étoit celle

des Mahvis, connus jadis fous le
nom d'Ophiophages, ou mangeurs
de ferpents. Ils tenoient dans chacune de leurs mains une poignée
de ces animaux, & les dévoroient
avec des grimaces très-propres à
leur attirer l'attention & le refpect
du Peuple ; mais le principal objet
de la dévotion publique, étoit le
chameau chargé du mahmal, efpece de pavillon richement brodé,
dans lequel il eft cenfé porter à la
Mecque les prieres de tous les
bons Mufulmans. Ce chameau étoit
immédiatement fuivi de l'étendard
de Mahomet, qui fermoit majef-
tueufement la marche. Quant à
nous, notre plus grand plaifir a été

d'avoir tout vu sans accident, car malgré le soin que nous avions de nous tenir cachés derrière des espèces d'auvents, nos turbans à la Druse & notre air étranger nous avoient attiré l'attention de quelques jeunes Mamelucs, qui, d'un toit voisin, nous lançoient des oranges vertes & des pierres avec une roideur qui faisoit honneur à leur adresse dans cet exercice. Les Zerdelis se sont aussi amusés à diriger quelques flèches contre nos fenêtres, mais aucune ne nous est parvenue, & nous avons regagné heureusement notre logis.

LETTRE XVII.

Les.....

LES deux Beys regnants, Ibrahim & Mourad, ont été accompagner la caravanne jusqu'à sa seconde station, c'est-à-dire, à trois lieues de la Ville. On dit que la piété n'est que le prétexte de cette démarche, qui cache un commencement de guerre entre ces deux Souverains. On assure qu'ils ont caché la plus grande partie de leurs trésors dans les selles de leurs dromadaires, & que les gens de leur suite ont des cottes de mailles

ſous leurs habits. Ces nouvelles
ont donné beaucoup d'inquiétude
aux Négociants Francs, qui ne ſau-
roient qu'y perdre, quelle que ſoit
la fin de ces querelles, vû qu'ils
ont de grands crédits chez des gens
de l'un, & de l'autre parti. Celui
chez qui je loge, a la plus grande
partie de ſa fortune entre les mains
de Mourad ; ainſi vous jugez bien
que tous nos vœux ſont pour lui.

Le 12.

LA guerre a enfin éclaté entre
les Beys. Ibrahim voyant que ſon
parti étoit le plus foible, & qu'il
diminuoit tous les jours, a fait pro-
poſer à Mourad, de remettre la

décision de leur sort au hasard d'une bataille générale. Celui-ci, quoique reconnu pour très-brave, a refusé le combat, & est allé se placer à Athalnabie, à une lieue du Caire. Ibrahim est rentré en Ville, & s'est emparé des portes du château, où il doit être joint par ceux de son parti. On craint que la bataille ne se donne dans la Ville même, & que le Peuple, pressé par la famine, ne profite de ce désordre pour se porter à quelque sédition. Les Francs croient déjà voir piller leurs magasins, & la tête tourne à tout le monde.

Le 13 , *au Caire.*

Nous avons appris ce matin

qu'Ibrahim n'ayant pu rassembler
que six ou sept cents hommes, aux-
quels il peut se fier, a pris le parti
de s'enfuir à travers les déserts du
Scharb, pour se retirer dans la
haute Egypte ; Mourad est rentré
en Ville, & s'est fait proclamer
Cheik-Albeld, c'est-à-dire, Souverain de tout le pays. Notre maison
en a fait des feux de joie. Telle a
été la fin d'une révolution, à laquelle nous avons pris beaucoup
d'intérêt. Je profiterai de la tran-
quillité dont le pays va jouir, pour
aller voir les pyramides, & je ne
manquerai pas de vous faire part
de ce que j'aurai vu, & de la maniere dont j'aurai vu.

LETTRE XVIII.

Le 26 , au Caire,

J'AVOIS apperçu pour la première fois les pyramides , lorsque remontant de Rosete au Caire, j'eus atteint la pointe du Delta. J'en étois à dix lieues , & elles m'avoient paru comme des montagnes ; dont la couleur bleuâtre annonçoit une grande élévation. Je les avois perdues de vue en me rapprochant du Caire ; & je ne les retrouvai plus que vers Gizeh. La distance de ce village aux pyramides est de trois lieues , & paroît à

peine de six cents pas. Je diſtin-
guois parfaitement leurs différentes
aſſiſes, & juſqu'aux ſéparations des
pierres, qui ne me paroiſſoient alors
que de la grandeur de nos briques,&
mes yeux meſurant la hauteur de ces
monuments ſur cette fauſſe échelle,
n'y trouverent plus rien de mer-
veilleux. La même choſe m'étoit
arrivée à Saint-Pierre de Rome,
& doit arriver néceſſairement à la
vue de tout édifice, lorſque la parfaite proportion de ſes parties ne
laiſſe pas d'objet de comparaiſon
qui puiſſe faire juger de la grandeur de leur enſemble. Pour juger
donc de celle des pyramides, il faut
aller juſqu'à leur baſe ; alors le ſom-

met disparoît peu-à-peu , & l'on
ne voit plus que l'entassement des
blocs énormes dont on avoit d'abord
si mal jugé. Alors si l'on veut porter
la clarté du calcul sur le témoi-
gnage rectifié de ses sens, on trouve
que le nombre de ces blocs se monte
à plus de trois cents trente-quatre
mille trois cents soixante - sept,
qui font une solidité de soixante-
deux millions trois cents neuf mille
six cents pieds cubes.

Alors que l'on s'éloigne autant
que l'on voudra , l'imagination fa-
tiguée de calcul , ne garde plus que
l'idée de l'immensité & la conserve
toujours.

Les Arabes qui savent que les

voyageurs font curieux de graver leurs noms à l'entrée de la pyrami-de, font venus m'apporter un cifeau ; je m'en fuis fervi pour y faire placer ce vers du Poëme des Jardins :

Leur maffe indeftructible a fatigué le temps.

Et quels monuments ont mieux mérité une pareille infcription ? Trente fiecles en ont à peine ébré-ché quelques faillies. Les trem-blements de terre n'en ont pas déjoint une affife. L'angle de leur inclinaifon fait fervir à leur ftabi-lité cette même force de gravité qui détruit tous les monuments des hommes. Les efforts réunis de toute la population actuelle de

l'Egypte , ne fuffiroient plus pour
les égalifer au fol qui les fupporte ;
& qui fait fi la Nature elle-même ,
jaloufe de voir les ouvrages de l'Art
atteindre à la durée des fiens, auroit
des moyens pour les anéantir ? Telle
eft l'impreffion que m'a faire la vue
des pyramides : vous trouverez peut-
être qu'elle tient de l'enthoufiaf-
me, & j'en conviendrai fans peine ;
mais quelle eft l'ame affez inaccef-
fible à l'admiration , pour pouvoir
toujours fe défendre de ce fentiment exalté ? & peut-il jamais être
plus excufable ? Je fens cependant
que la plume du voyageur, defcrip-
tive comme fon crayon , ne doit
point aller au-delà de ce qu'il voit,

& je m'empresse de faire reprendre
à la mienne le caractere qui lui
convient.

La grande pyramide étoit en-
tourée de plusieurs petites, dont
les bases subsistent encore. On y
reconnoît aisément la situation de
celle qu'Hérodote dit avoir été bâtie
par la fille de Chéops, aux frais de
ses amants, qui payoient chacune
de ses faveurs d'un bloc de pierre
d'Ethiopie. Cette pyramide n'avoit,
selon notre Auteur, qu'un phletre
de base, c'est-à-dire, soixante-
sept pieds & demi ; elle étoit donc
beaucoup plus petite que celle dont
nous venons de parler ; mais je me
suis convaincu que c'étoit parce

que

que les pierres en étoient moindres, & non pas parce qu'il y en avoit moins. Cependant en ne prenant que la moitié du nombre marqué ci-deffus, nous aurons cent foixante-fept mille trois cents quatre-vingt-trois faveurs & demie, fomme qui, pour une jeune Princeffe, paroîtra toujours affez confidérable.

A trois cents pas des pyramides fe voit la ftatue coloffale du fphinx, ou plutôt la tête de cette ftatue, car tout le refte eft enfeveli fous le fable. Cette tête eft fi groffe, que toute ma petite caravanne s'étoit mife à l'abri fous fon menton, & s'y trouvoit fort à l'aife.

J'aurois beaucoup defiré pouvoir

H

monter au sommet de la plus haute
des pyramides, d'où j'aurois vu toute
l'Egypte étendue à mes pieds comme sur une Carte géographique.
La chose n'est pas fort difficile;
mais mes forces ne m'ont pas permis de l'entreprendre. J'ai eu même
assez de peine à en parcourir l'in-
térieur, pour parvenir jusqu'au tom-
beau du Pharaon; j'ai passé sept à
huit heures à dessiner ces monuments de la grandeur des Egyp-
tiens. Je comptois y revenir encore, mais je me suis apperçu en
retournant à Gizeh, que j'avois
gagné un coup de soleil qui m'avoit
brûlé la moitié du visage & fort
enflammé le sang. Le lendemain j'ai

repris la fievre, & suis retourné au Caire. Si les amers font leur effet ordinaire, je ferai dans trois ou quatre jours en état de faire le voyage d'Alexandrie, fauf à reprendre la fievre à la premiere occasion. Adieu : chaque pas que je ferai déformais, fera pour me rapprocher de vous.

LETTRE XIX.

Le 8 Octobre, à Alexandrie.

Nous fommes partis de Boulak le premier Octobre ; la nuit fuivante nous avons été côtoyés par des pi-

H 2

rates, mais comme ils étoient plus
mal armés que nous, ils n'ont pas
jugé à propos de nous attaquer.
Nous sommes arrivés le même jour
à Rosete. Le lendemain, les Arabes ont fait une incursion dans les
fauxbourgs de cette Ville. Le Chevalier Kownacki qui s'y promenoit
alors, a manqué de tomber entre
leurs mains.

Alexandrie, où nous sommes depuis deux jours, vient d'échapper à
un fléau non moins fâcheux que la
famine. On a manqué d'y mourir
de soif, & voici comment. Cette
Ville est située au milieu d'un désert
de sable, & à plus de dix lieues du
Nil & de toute espece d'eau douce.

Alexandre, qui vouloit placer dans cet endroit le siege de son empire, avoit paré à cet inconvénient, en faisant creuser un canal qui y conduisoit les eaux du Nil, & servoit en même-temps au transport des marchandises. Ce canal, comblé peu-à-peu par la négligence des gens du pays, ne se remplit plus que pendant le plus grand accroissement du fleuve. Alors tout le monde est très-empressé à creuser des canaux pour fertiliser son terrein ; & comme il faut en donner à tout le monde, on ne peut laisser entrer l'eau dans le canal d'Alexandrie que pendant huit jours, ce qui suffit à peine pour

remplir leurs cîternes ; encore
faut-il y envoyer des foldats ; fans
quoi les Arabes , dont les terres
restent infertiles faute d'être arro-
fées , ne manqueroient pas de l'en-
lever. Cette fois-ci , le Kiachef
prépofé à cet ouvrage , étoit un
homme très - attaché à Ibrahim-
Bey , qui ayant appris la difgrace
de fon maître , courut aussi-tôt le
rejoindre dans la haute Egypte ,
& laissa le canal à la merci des
Arabes. Ceux-ci fe dépêcherent d'y
faire des faignées ; & les malheureux Alexandrins , après avoir vu
couler l'eau dans leurs cîternes pendant trois ou quatre heures , la
voyant manquer tout d'un coup ,

tomberent dans un défespoir affreux. Les étrangers vouloient fe
retirer à Rofete, le Peuple fe la-
mentoit, & il s'étoit élevé une
efpece de guerre civile entre les
principaux de la Ville, parce que
les uns vouloient qu'on attaquât les
Arabes, & les autres, qu'on leur
envoyât des préfents. Heureufement pour eux, Mourad-Bey apprit la chofe à temps, & fit remplir le canal une feconde fois, autant du moins que le permettoit la
baiffe du Nil. Enfin lorfque nous
fommes arrivés à Alexandrie, les
habitants étoient un peu remis de
leur frayeur ; & quoiqu'ils s'atten-
diffent à n'avoir que de la mau-

vaiſe eau , & en petite quantité , ils
ne craignoient plus de mourir de
ſoif.

LETTRE XX.

Le 8 Novembre , en Mer.

JE me ſuis embarqué le 13 d'Octobre ſur le ſenaut Vénitien l'*Inno-
cent*, faiſant voile pour Veniſe. Le
lendemain , nous avons mis à la
voile ; le 22 , nous avons découvert
les côtes de Candie ; le 29 , au cou-
cher du ſoleil , deux bâtiments , qui
avoient fait notre route pendant toute la journée , mirent tout d'un coup
le Cap ſur nous , & ſemblerent vou-

loir nous prendre entre eux ; cette
manœuvre nous parut suspecte, avec
d'autant plus de raison, que les Vé-
nitiens sont actuellement en guerre
avec la Régence de Tunis. Nos
gens ne douterent point que ces
deux bâtiments ne fussent de cette
Nation. Ils songeoient à se défendre,
sans compter beaucoup sur cette défense, vu l'inégalité de leurs forces. Quant à moi, je ne pensois plus
qu'à revoir mes anciens amis de Tunis, & l'esclavage dans ce pays-là ne
m'effrayoit pas beaucoup ; mais le
lendemain nous n'avons point revu
nos vaisseaux, soit qu'ils nous eussent perdus pendant la nuit, ou ce
qui est encore plus probable, que

ce ne fuſſent que des bâtimens
marchands, & que le but de leur
manœuvre n'eût été que de relever
la terre, & prendre un nouveau
point de partance. Le reſte de notre voyage ne nous a point offert
d'événement intéreſſant. Nous avons
traverſé le Golfe en trois jours;
nous en avons paſſé trois autres ſur
les côtes d'Iſtrie. Enfin nous ſommes devant Veniſe, les Matelots
pouſſent des cris de joie, je partage
leurs tranſports, & comme eux
peut-être je regretterai bientôt le
vaiſſeau que j'aime à quitter aujour-
d'hui; car l'attrait que j'ai pour la
mer, va au-delà de tout ce qu'on
imagine. Je puis en faire l'aveu, &

non pas en affigner les caufes ; car
enfin s'il eft vrai que la vue de cét
élément me rappelle aux premieres
années de ma jeuneffe , il ne l'eft
pas moins que cette époque de la
vie doit offrir aux fouvenirs des repos plus agréables ; ou plutôt ce
qui eft vrai pour d'autres , ne l'eft
pas pour moi. En effet , fi je regarde
en arriere fur quelques années paf-
fées entre la pouffiere des *in-folio* ,
le tourbillon du monde & les bou-
rafques de la mer , ce n'eft pas fur
des inftants de diffipation , d'illu-
fion même , que je me plais à arrêter ma vue : je leur préfére encore ces longues nuits confacrées
à l'étude dans le filence du cabinet,

Mais qu'avec bien plus de délices,
ma pensée se reporte au temps où
étonnée de sa force naissante, elle
n'étoit jamais plus active que lorsqu'elle ne s'occupoit d'aucun objet en particulier, & que facile à
s'égarer, d'un élan elle se portoit
au-delà de toutes les choses exis-
tantes; & c'est alors que j'habitois
des vaisseaux. Que de fois aussi les
yeux fixés sur la trace phosphorique
du sillage, inattentivement occupé
de la vague qui brisoit contre nos
bords, ou des longs sifflements de
la tourmente, j'y ai passé des nuits
heureuses, que pourtant je ne re-
grette pas? Car il faut l'avouer, les
rêveries sont douces, & tout n'en est

pas

pas douceur ; elles portent avec elles je ne fais quelle inquiétude, & laiffent dans l'ame le vide fur qui elles repofent. On aime à fe les rappeller : il feroit infenfé de vouloir y revenir, d'autant que la méditation qui les remplace atteignant aux mêmes hauteurs, en rapporte la clarté dans l'efprit, le calme dans le cœur & le bonheur dans la vie.

F I N.

P. S. Qu'il me foit permis de confacrer ici quelques lignes à la reconnoiffance, en y plaçant les noms de ceux qui dans ce voyage m'ont accueilli avec l'hofpitalité naturelle aux Pays qu'ils habitent, & à la politesse de celui où ils font unis;

M. DU ROCHER, Consul-Général de France, à Tunis;

M. MURE, Consul-Général de France, à Alexandrie;

M. MANGALON, Négociant François, au Caire.

Un autre nom mérite l'hommage des Voyageurs & de ceux qui se plaisent à leurs relations; c'est le nom de VOLNEY. Un amour extrême de la vérité joint au plus rare talent pour l'observation, le mettent hors de la ligne des Ecrivains du même genre, comme au-dessus de tous les éloges.

On trouve chez ROYEZ, Libraire,

les Livres suivants :

Dictionnaire d'Italie, curiosités ou description détaillés de ses Monuments, 2 vol. *in-8°*. br.   7 l. 10 f.

Dictionnaire de la Suisse, ou description complette, 2 vol. *in-8°*.   6 l.

Description de la Crimée, 1 v. *in-8°*. 3 l.

Guide d'Italie pour le prix des Voitures, les Postes, les Curiosités,   1 l. 16 f.

Voyage en Dalmatie, par M. l'Abbé Fortis, 2 vol. *in-8°*. *fig.* avec des Costumes gravés, & des observations intéressantes pour l'Histoire naturelle & la Minéralogie, *broch.*   7 l.

Histoire de la Moldavie, 1 vol. *in-8°*.   2 l. 8 f.

Histoire ou Mémoires de la Maison de Brandebourg, par le feu Roi de Prusse, 2 vol. *in-12.* br.   4 l.

Mémoires de Hambourg & des Villes Anséatiques, 1 vol. *in-12.*   3 l.

Voyage en Espagne & en Portugal, par Twis, 1 vol. *in-8°*.   6 l.

Voyage à la Mer du Sud , par Kerque-
len , avec les nouvelles découvertes ,
& des gravures , 1 v. *in* 4°. 7 l. 10 f.
—— de Courtanvaux , *in*-4°. *fig.* 9 l.
—— du P. Pingré , pour les longitudes ,
in-4°. *broch.* 3 l.
—— en Afrique & à Surate , par Owing-
ton , 2 vol. 5 l.
Recherches historiques fur les Maures
& l'Empire de Maroc , par M. Che-
nier , 3 vol. *in*-8°. *fig.* 15 l.
Voyage à la Martinique , par Chanvalon ,
in-4°. 7 l. 10 f.
—— à Cayenne , par M. Bajon , 2 vol.
in-8°. *broch. fig.* 7 l. 10 f.